FX 億トレ!

7人の勝ち組トレーダーが考え方と手法を大公開

内田まさみ
Masami Uchida

日本実業出版社

◉はじめに

「これからFX取引をしてみたい」「もう少しで勝てるようになれそう」——。いま本書を手にとってくださったあなたは、もしかしたらそんな思いをお持ちなのではないでしょうか。あるいは、「FXって本当に勝てるの？」と思っていらっしゃる方もいるかもしれませんね。

給料が右肩上がりではなくなり、将来に不安を感じる人が増えているなか、投資や副業に注目が集まっているといわれます。なかでもFXは少額で始められるメリットがあるために、手軽な投資として、すっかり定着してきました。ただ一方で、FXで勝ち続ける、お金を増やしていくことはむずかしく、一説によれば9割の人は負けてしまう厳しい世界だと言われています。

しかしこれを言い換えると、勝ち続けている1割の人がいるということだともいえます。

私は長年、アナウンサーとして株式や為替に関わる番組を担当してきました。通常、番組では、アナリストや元銀行のディーラーなどさまざまな専門家の方から、足元の相場分析や今後の見通しなどを語ってもらうことが多いのですが、あるとき、４人の個人トレーダーに集まってもらい、その対談の司会進行を行なうという仕事をいただきました。

実は投資番組を担当していながら、実際に個人トレーダーと称する方に会ったのはこのときが初めてでした。そして、何をインタビューすればいいのか戸惑いました。

なぜなら、個人トレーダーといえば、きちんとした仕事についていないフリーターや、楽をして利益を上げている人……であり、それを職業と言ってもいいのかも定かではないというようなイメージを持つ人も多いのではないかと思いますが、私自身も彼らに興味はあったものの、当時は頭のどこかで、それに近い見方をしていたからかもしれません。

しかし、対談を進めているうちに、彼らがトレードで勝つために、どれだけ真剣に相場と向き合ってきたのかがわかりました。チャートを読むために血眼の努力を積み重ね、リスクを背負い、折れそうになる心を振るい起しながらトレードを続けている姿が言葉の端々から浮かび上がってきて、身体が大きく震えました。

勝ち続けることがむずかしい世界のなかで、勝てるかどうかはたんなる運任せではなく、自分の考え方とやり方次第なのです。そうであれば、その考え方とやり方を学べば、誰にでもチャンスはあるといえるのではないか、と思いました。

そんな私の考えに賛同してくれたのが、ＦＸ会社であるＦＸプライムｂｙＧＭＯでした。せっかく投資をしてみようとＦＸの取引口座をつくっても、勝ち方や正しい取引方法を知る前にあきらめて撤退してしまう人が大半という現状を変えなければいけないということで、トレーダーを育て、もっと多くの人が勝てるようになるために、ラジオやテレビで取引手法などを発信する番組や全国で開催しているセミナーをバックアップしていただけることになったのです。

実は今回、本書に登場してくれた方たちは、そのＦＸプライムｂｙＧＭＯの口座で取引をしている〝ホンモノの勝ち組トレーダー〟です。同社の口座で実際に驚くような利益を上げ続けている人たちに声をかけ、「多くの人にその考え方ややり方を伝えてもらえないか」とお願いし、約2年間にわたりＦＸプライムｂｙＧＭＯのホームページで「ＦＸ勝ち組トレーダー・スペシャルインタビュー」として掲載してきたものをベースに、さらに取材を加えてまとめたのが本書というわけです。

将来への不安は、これからもさらに高まり続けると思います。そんなとき、私はある個人トレーダーが話してくれた「投資は、自分自身を雇うことができる」という言葉を思い出します。ＦＸはお金を失ってしまうリスクがある金融商品です。それでも、自分のお金を自分で働かせることができたら、未来は自分で創っていけるのです。

著者である私自身も、まだまだ努力中のひよっこトレーダーです。勝ち組トレーダーのみなさんは、そんな私に前に進む勇気を与えてくれ、努力すれば未来があることを教えてくれました。

本書を通じて、私と同じように勝ち組トレーダーを目指して頑張っているみなさんに、大きなヒントと精一杯のエールを贈ることができたなら、これに勝る喜びはありません。

最後に、多くの勝ち組トレーダーの方が快くインタビューに応じてくれた背景には、ＦＸプライムｂｙＧＭＯが、「すべらないシステム※」を導入する、経済指標発表時などに広がるスプレッド（通貨を売るときと買うときのレート差）を極力安定させる、グレイアウト（約定拒否＝悪質な業者が相場急変時に行なう）をしないなど、トレーダーに対して真摯で誠実なサービスを提供してきたという信頼関係もあるのではないかと思います。

貴重な経験を話してくれた勝ち組トレーダーのみなさんに感謝するとともに、ＦＸプライムｂｙＧＭＯの関係者の方々へ心からお礼を申し上げます。

二〇一七年一〇月

内田まさみ

※取引を行なう際、指定したレートと約定レートに違いが生じることを「スリッページまたはすべる」と呼びますが、このスリッページが生じると、トレーダーは希望どおりのレートで約定できず、不利になることも多くあります。

はじめに

Chapter 1

大手食品メーカーに勤務しながら夜間の超短期トレードで億単位の利益を上げる
よいよいさん（関東在住のサラリーマントレーダー）

§1-1
給料を補填するためにトレードを開始
株で負けて最後の砦としてFXに取り組む……017
給料が安かったので副業を考えた／株と先物にも手を出してみたが…／元手100万円でFXに着手

§1-2
トレードの検証を繰り返して
自分に合った手法を身につける……023
大きな変動幅を背景に1日50万円ずつ稼ぐ／チャートを毎日見て値動きのパターンを記憶した

§1-3
過去の値動きを覚えて5分足の2本先を予測
利益が乗ったら欲を出さずに確定する……029
高安のラインのあいだの動きを想像する／ほどほどのところで利食いする

§1-4
メンタルが安定していることが
トレードの勝ちに直結している……034
「勝ち逃げ」がメンタルには大切／兼業でやり続けられなければ専業にはなれない

Chapter 2

手法が正しくともメンタルが悪ければ失敗すると悟り 4年間で1億1000万円を稼ぐ

Jさん（京都府在住の専業トレーダー）

§2-1

研究者の道をあきらめてFXの世界に
当初は小さなポジションでも心臓の音が聞こえてきた……041
FXがむずかしいものだとは思わなかった／始めて1年半はまったく勝てなかった

§2-2

最初の資金は16万円からスタート
上手な人のブログを読んでトレード手法を検証した……045
当初はデータを集めて値動きを研究したが…／「スキャルピングの基本形」を学ぶ／業者間のスワップの違いを取る

§2-3

メインで見るチャートは1分足と200移動平均線
利益確定も損切りも3pips……054
1分足をメインに「1本待ってから」エントリーする／損切りは決めたpipsで

§2-4

ムキになると必ず失敗する
勝っても負けても「たまたま」と言い聞かせる……058
メンタルと手法は一心同体／4年間で1億1000万円の収益

Contents

Chapter 3

1日に数百回のトレードを繰り返し年間1億円以上を稼ぐスーパースキャルパー

近藤さん（四国在住の専業トレーダー）

§3-1
株式投資で儲けた3000万円でFXを開始
2年間は失敗し続けて180万円まで減少……065
パチンコから株のデイトレへ／当初の2年間はまったく勝てなかったFX

§3-2
為替レートの値動きを真剣に見続けた2年間
地道な作業を繰り返してチャートの形を頭にインプット……071
どの世界でも真剣にやらなければ勝てない／チャートの形を頭に刷り込んだ2年間／優位性のある手法を繰り返す

§3-3
トレンドが出ている場面で何度もスキャルピング
具体的には「2回目の揉み合いの後の動き」に乗る……079
考えるのではなく瞬時に反応する／「ティックチャートのギザギザ」に注目／米ドル／円がやりやすい

§3-4
「これはヤバイかも」と考えて
大きく動きそうな場面を察知する力は大切……087
トレンドのなかで何度もトレードする

Chapter 4

豪ドル／円とニュージーランド・ドル／円のサヤ取りで1年で資産10倍の低リスクトレード

Yさん（大阪府在住のサラリーマントレーダー）

§4-1
初めてのFXで1000万円超の損失
数年間のブランクを経て再挑戦……091
スワップ狙いの裁量トレードで大損失／将来のために必要なお金をFXで稼ぎたい

§4-2
「サヤ取り」の考え方をFXに応用
トレンドを読み違えて損をするリスクを抑える……095
「負けない」やり方を考え抜く／1年で100万円を1000万円に増やした

§4-3
異なる2つの通貨ペアを両建てにする
国力の違いが生む「サヤ」を狙う……099
損失を被るリスクを最小にできる手法／2つの通貨ペアの動きの「差」が利益の源泉

§4-4
レート差が拡大する方向にだけポジションを取る
決してスケベ心でポジションを取らない……106
「通常の状態に戻る方向へ」が基本／豪ドル／円とニュージーランド・ドル／円が最も有効

Contents

Chapter 5

バイナリーオプションで損切りを磨き「10分後のレート」が見えるようになった億トレーダー

Mさん（関東在住の専業トレーダー）

§5-1
ユーロ安を信じて始めたFXで大損害
運用資金800万円をほぼ溶かす……113
ハイレバレッジのFXで800万円をほぼ失う／評論家の相場観を鵜呑みにしてはいけない

§5-2
1年間、バイナリーオプションを続けて
「損切りしてリセットする」ことを学ぶ……117
「なぜ失敗したのか」と考え続けた／1年間バイナリーオプションを続けて「損切り」を学ぶ

§5-3
相場の流れに沿って躊躇なく損切りできれば
マーケットの流れと自分が一体になれる……122
1年で200万円を1億円以上に／「自分のイメージとの違和感」に注目

§5-4
たとえ、10億円あった含み益が5億円に減ったとしても
謙虚に負けトレードをリセットすることが大切……127
「自分はうまい」と思ったことは一度もない／いまの幸せはすべてFXのおかげ

Chapter 6

貿易会社経営の実務を活かして年間5000万円の利益を上げるスイングトレーダー

Gさん（兵庫県在住の兼業トレーダー）

§6-1 貿易会社の収益を安定させるための為替予約取引 自分のお小遣いを増やすためのFXトレード……135
本業の貿易に関連して為替相場に注目／上手な為替予約のために相場観を磨く

§6-2 「株式投資は不公平」だと考えてFXに転向 スタイルは中長期のスイング派……139
株式投資には情報格差あり！／仕事に差し支えないスイングトレードがメイン

§6-3 トレードではメンタルを良い状態に保っていることが必要 そのために「勝ちグセ」をつけるようにしている……143
勝ちグセをつけて1年で5000万円の収益／「自分の気持ち」に従って利食い／最低額であってもポジションは常に持つ／中長期のポジションでは損切りをしない

§6-4 「信念を曲げない」ほどの相場観の裏付けは 米10年国債の利回りによる相場予測にあり……152
日米の10年国債の利回りの差に注目／2020年までに大円高局面あり!?

Contents

Chapter 7

生活に必要なお金を稼ぐ主婦感覚でトレード 絶対に損切りしない手法で毎月300万円儲ける

Mさん（広島県在住の主婦トレーダー）

§7-1 コストが高い投資信託をやめてFXに注力 20年近くにわたりうまく儲けを上げることができている……159
数ある投資商品のなかからいまはFXに注力

§7-2 投資でお金を増やしたいというよりも、自分がしたい、子供にしてあげたいことをするためのお金をFXでつくる……162
さまざまなリスクに備えておきたい／自分がしたいことをするお金をFXで稼ぐ

§7-3 移動平均線の角度に注目してエントリーする方法と「あまり欲張らない指値」を使う方法を使い分ける……166
素直にトレンドに乗る／遅行スパンで適正価格を判断

§7-4 「欲張らない」「損切りをしない」「ナンピンをしない」「無理なポジション量にしない」……172
損失の経験を経て「欲張らない」ことを学ぶ／利益があるうちに確定することが大事／損切りはいっさいしない／ナンピンはいっさいしない／5万通貨のポジションで投資を楽しむ

Chapter 8

FXで資産を72倍にしたものの億トレを目指してまだまだチャレンジ中の私の投資術

うっちー（東京都在住の兼業トレーダー）

§8-1 ラジオ番組内のクイズの賞金2万円でスタート
ビギナーズラックですぐに10倍に……185
何も知らないのに儲かった！／黒田バズーカで儲かった！

§8-2 テクニカル分析に目覚めて慢心
ブレグジットで最大の損失が発生……189
テクニカル分析で儲かった！／EU離脱の国民投票で大損！

§8-3 米大統領選のトレードで損を取り戻して自信回復
自分なりのトレード手法を確立中……192
気持ちを奮い立たせて再挑戦／初めてきちんとトレードできた

§8-4 本気で取り組めば道は拓ける
成功するまであきらめずに研究と努力！……195
勝ち組トレーダーの「真剣さ」に刺激を受ける／最初はみんな失敗していた！

装丁・DTP／村上顕一

Chapter 1

大手食品メーカーに勤務しながら夜間の超短期トレードで億単位の利益を上げる

よいよいさん（関東在住のサラリーマントレーダー）

よいよいさんは、大手企業に勤めながら
ＦＸで累計３億円の利益を上げている勝ち組トレーダーだ。
といっても、元々投資資金が潤沢だったわけではない。
ＦＸを始めたときは１００万円しか元手がなかったという、
ごく普通のサラリーマンだった。
なかなか時間が自由にならないサラリーマントレーダーであっても、
ＦＸならばやり方次第で上手に稼ぐことはできるといういい事例だ。
そんなよいよいさんの考え方、やり方を教えてもらった。

§1―1 自己紹介 Self Introduction

給料を補填するためにトレードを開始 株で負けて最後の砦としてFXに取り組む

◉給料が安かったので副業を考えた

現在、44歳で某食品メーカーに勤務しています。会社員をしながらトレードをしている兼業トレーダーです。

実はいまの会社に入社した瞬間から、副業することを考えるようになりました。というのも、入社直後に「うちの給料だと、親を養ったりするのは厳しいよ」と、上司から言われたからです。

両親の面倒をみるのは最後の最後だとしても、それまでにも子供をつくって家を建て、子供が大学を卒業するまでの教育費を稼ぎ、そのうえ両親の面倒をみることになったら、それを満たすためには稼ぎが追いつかず、ましてや、自分たちの老後資金を貯めることなどできそうもありません。

そう考えたとき、将来のためにも何か別の方法で、お金を手当しなければならないと思うようになったのです。それが20代の前半の頃の話です。

とりあえず手元のお金を増やす方法としては、節約によって出費を抑え、お金を残すという手もあるのですが、私自身はそれに向かないことがわかっていました。出費を減らすよりも、収入を増やしたいタイプなのです。使いたいものは使いたい。それでお金が減ってしまうのであれば、働くとか、運用するとか、何か他の方法で収入を増やせばいいというのが、私の発想なのです。

まず考えたのが副業です。といっても、何を副業にすればいいのかわからないというのが正直なところだったので、手を出してはやめるということの繰り返しでした。当時はまだインターネットがなかったので、ファックスを使ったネットワークビジネスのようなものに参加したのですが、どう考えても儲からないしくみのため、早々に見切りをつけたこともありました。

◉株と先物にも手を出してみたが…

　そうこうしているうちにインターネットが普及し始めて投資が身近な手段になってきたため、運用するという方法でお金を増やすことができないかと考えました。それで、手始めに株式投資にチャレンジしてみたのです。

　株式投資を始めたのが2004年からでした。最初は結構、調子よく稼いでいました。時期的にも良かったのだと思います。2004年といえば、前年にりそな銀行への公的資金注入があり、金融不安が一段落して、株価も上昇トレンドに入ってきた時期で、年間150万円くらいの利益は上げていたと思います。

　しかし、とくに何か相場の勉強をして、自分なりの投資法を見つけるなどということは、いっさい行なっていませんでした。本当に適当にやっていましたが、それでも儲けられる時代だったということです。

　それが通用しなくなったのが、2006年のライブドアショック以降の相場でした。ライブドアそのものの株式にも投資していたので、そこそこやられた記憶があります。とはいえ、当時はそれほど投資している金額も大きくなかったので、やられたといっても10

0万～200万円程度の損失で済みました。

結局、手元には数百万円の資金が残ったのですが、当然、この程度では将来にわたって必要なお金として足りないわけです。もっと増やしたい。できれば数億円の資産を築いておきたい。そう考えれば、ここで投資をやめるわけにはいきません。そこで今度は、システムトレードに注目してみました。

株式のシステムトレードで、システムを組んでくれるという業者に、オーダーメイドでシステムを構築してもらいました。儲けるための先行投資と考えて、200万円を支払った記憶があります。

結果は、悪くありませんでした。何と、1日で50万円くらい稼いでくれるのです。正直、「これは打ち出の小槌だ」と思いました。毎日50万円の利益がザクザク入ってくるのです。これは本当にすごいと思いました。しかし、残念ながら始める時期が遅すぎました。システムが稼働するようになって1か月もしないうちに、サブプライムショックが起こり、相場環境が激変するとともに、システムでの売買がうまくいかなくなったのです。

これを機に、株式の個別銘柄投資はあきらめ、今度は株価指数先物取引を始めました。このときも、裁量だけで株価指数先物取引をするのは厳しいかなと思い、システムを買いました。ただ、今回はオーダーメイドで制作してもらうのではなく、20万円程度で販売されている、安いものを買ってトレードを始めてみました。

不思議なもので、こういうシステムは、取引を始めたばかりの頃は、なぜかそこそこ儲かるものなのです。そして、それが勘違いのもとになるのです。取引枚数はラージで1～2枚程度ですが、1日あたり10万～30万円くらいの利益を得ていました。会社勤めの片手間にやっていたトレードで、1日にそんなにも稼げたので、自分では上出来だと思っていました。しかし、そこに2008年のリーマンショックがきたのです。

何しろ「100年に1度」などと言われるほどの暴落でしたから、毎日のようにサーキットブレーカーが働いてしまって、売るのも買うのもできない状態が頻発しました。また、相場環境が激変したため、システムがうまく利益を上げることもできなくなってしまいました。そうした動きを見て、本当に怖いという気持ちになり、システムを全部放棄して、裁量で先物取引を始めるようになり、さらに損を重ねました。

◉元手100万円でFXに着手

気がつくと、後がありませんでした。個別株式で大損をし、高いシステムを購入してうまくいかず、さらに先物取引で大きくやられましたから、どうしようもありませんでした。

再び運用でお金を増やそうと思っても、もう手元に現金がなかったのです。夜も眠れなくなり、メンタルは崩壊寸前でした。私のトレード人生で最悪だったのが、２００８年です。

そして、いよいよ最後の最後ということで、ワラにもすがる思いでスタートさせたのが、ＦＸだったのです。

なぜ、ＦＸが最後のよりどころになったのかといえば、資金的にみて、もうこれしかできるものがなかったのです。先物取引を始めたときに運用資金が４００万円程度あったものがあっという間に溶けてしまい、ＦＸを始めたときには１００万円程度の運用資金しかありませんでした。

ただ、ＦＸは当時、４００倍、５００倍というように、とんでもないレバレッジが掛けられたので、少ない資金でもトレードができ、短期間で大儲けできるチャンスがありました。レバレッジ５００倍ということは、手元の資金が１００万円しかなくても5億円分の相場を張れるということです。「もう、これしかない」と思いました。

トレードの検証を繰り返して自分に合った手法を身につける

◉大きな変動幅を背景に1日50万円ずつ稼ぐ

とはいえ、初めから儲かるはずがありません。何しろ、「スプレッドってなに?」「どうしてレートが2つも出ているの?」というぐらいの初心者でしたから、レバレッジが500倍まで可能であっても、猫に小判です。自分でも怖くて、フルレバレッジのポジションなどとれるはずがありません。結局、しばらくのあいだは1枚程度のポジションを持つのが精一杯でした。

したがって、FXに転向した2009年は、大きく損をすることもありませんでしたが、利益も小さい、鳴かず飛ばずのトレードを繰り返していました。それが、2010年に転機が訪れたのです。

何が起こったのかというと、ギリシャショックです。このときから、マーケットのボラティリティが一気に高まりました。ユーロ円やポンド円では1日で10円幅の値動きもあったくらいです。いまも忘れられないのですが、2010年5月6日、出勤のときにスマートフォンでチャートを見たら、自分が寝ているあいだにこれらの相場が10円もの幅で為替レートが下落していたことに気付いたのです。

当時はいまほどガツガツしておらず、日中は会社の仕事に専念し、自宅に帰ってから再びチャートを開くような日々でしたが、夜のあいだもまだ十分に利益を狙えるようなボラティリティが高い状態が続いていたのです。この流れに乗って、1日で50万円ずつ収益が上がるようになりました。

正直、この当時は誰でも儲けられる時代だったのだと思います。この頃になると、徐々に取引にも慣れてきたので、ポジションを取る枚数も、1枚ではなく10枚くらいまで増やせるようになりました。

それ以前は、とくに民主党政権になってから、為替相場のボラティリティがどんどん縮小していました。突然行なわれる政府・日銀の為替介入によって、ドル円相場で一時的に3〜4円幅で円安が進むものの、そうした介入が行なわれないときは、じりじりと円高が進むというような、トレードには不向きな流れが常態化していたのです。

それがギリシャショックで一変した後、安倍政権が誕生してからも、為替市場のボラティリティは徐々に高まっていきました。自分自身も、この間にさまざまなトレード法を研究しながらも、その時々の相場環境に合わせたトレードを繰り返すことによって、ようやく軌道に乗れるようになり、現在に至っています。

◉チャートを毎日見て値動きのパターンを記憶した

株式と先物取引は結果的に損して終わったのに、FXで勝てるようになったのは、たんに運がよく、またFXという投資対象が水に合っていたからだとは思っていません。資金的に底を尽きかけていたので、これが最後だという思いもあり、真剣に勉強をするようになったからだと思います。

自分のやり方で何がいちばん変わったのかといえば、トレードを検証するようにしたことです。

当時は自分のトレード手法が固まっていたわけではないので、人の投資手法をブログなどで読んで参考にしたり、本に書いてあった手法の真似をしてインジケーターが出るようにしたりといったことはしていました。

ただ、こうしたインジケーターは、結果としてはほとんど参考になりませんでした。インジケーターを参考にしてトレードしようとしても、インジケーター自体が遅効性のものであり、それによって先が読めるわけではないからです。私のような短期トレードを中心にしているトレーダーにとっては、これでは使うことができませんから、インジケーターはすぐに使わなくなりました。

また、当時からFXにもシステムトレードは存在していましたが、FXに関してはシステムトレードを使うことはしませんでした。というのも、先物取引でシステムトレードを導入したものの、結局のところうまくいかなかった経験があったからです。

このように、いろいろな手法を見ては、自分に合った、儲かる手法探しのようなことを続けていました。自分の性格に合わないトレードは長続きしません。自分の性格を考えてみたところ、せっかちで、くじ引きの結果は早く見たい性分ですし、買ったものはすぐに使うタイプで、人に何か言われてやらせられるのが嫌だという傾向が強くありました。そうしたところから、取引の時間軸は極短期で、かつシステムトレードよりも裁量トレードが向いていると判断したのです。

そういう自分の性格を理解したうえで、短期トレードに必要な技術を身につける努力を重ねていきました。

まず、トレードの技術は自分の性格に合ったものを構築することが肝心です。他のトレーダーのブログを参考にしようとしたときにも、人の技術は身につきませんでした。やはり、自分に合ったトレード技術を、自分で努力して構築していくしかないのです。

そこで私がやったことは、とにかくチャートを毎日、見ることです。値動きのパターンを記憶するとともに、なぜそのような動きをしたのかを、できるだけ理解するようにしたのです。ポジションを持ったとき、利確もしくは損切りしたときの状況、時間の使い方やメンタルなどをノートに書き出し、トレードの検証をすることにしました。チャートを印刷してノートに貼ったりもしました。

こうした過去の検証については、トレーニングとして行なうこともあると聞きますが、私の場合は実際にトレードをしながら検証をし、利益が得られて初めて、「ああ、こうやればいいのか」という納得感が生まれ、スキルが一段上がった感じがしました。リアルで儲けることができて初めて、上達するピッチが上がったのだと思います。

また、検証することによって自分のトレードを客観的に見られるようになったせいか、初年度から損はしませんでした。株、先物取引の経験もありましたし、同じ失敗は絶対に繰り返さないという思いが強くなっていたからかもしれません。

勝てるようになるには、自分の性格を知り、自分にいちばん向いているトレード手法を見つけることが大切です。どの時間軸が合っているのか、シンプルな方法がいいのか、複雑な手法が好きなのかなど、自分の性格がわかってくると、勝ちパターンが徐々にわかってくるので、勝ちぐせをつけることができます。そして実際に利益が出始めれば、そこからの成長は早くなります。なぜなら、ここは勝てる、ここは負けるということがわかるようになると、やるべきことは負けるときを排除していくだけだからです。そうすれば、さらに効率良く勝てるようになります。

過去の値動きを覚えて5分足の2本先を予測 利益が乗ったら欲を出さずに確定する

◉高安のラインのあいだの動きを想像する

ローソク足が好きなので、チャートは常に5分足で見ています。トレード手法を具体的にいえば、「並び方で、こう並んだら、次はこうなるというのが見えてくる」というものです。これは前述したように、チャートを毎日見ることによって、次の展開が想像できるようになるということです。

ローソク足を見るときは、高安にラインを引いていきます。そうすれば直近、高値を抜きに行こうとしているのか、安値を割り込もうとしているのか、あるいは安値圏から高値圏に向かおうとしているのか、逆に高値圏から安値圏に向かおうとしているのか、ということが、見えてくるのです。

加えて、時間のあるときには、過去の値動きを覚えるようにしていました。過去の値動きもきちんと覚えておけば、どのような相場展開になったとしても、常に近い値動きの場面を思い出すことができます。つまり、過去の値動きといまの値動きをフィッティングさせるのです。

もちろん、相場はその時々で変わってくるので、常に同じ値動きになるとは限りませんが、少なくとも似た値動きをするときがあるので、やはり過去の値動きはきちんと見ておく必要があります。

そして、これを言うと「そんなことができるのですか?」と言われてしまうのですが、ローソク足の2本先がどうなるのかを想像しつつ、ポジションをホールドし続けるかどうか、枚数を増やすかどうかなどを判断します。

たとえば、「5分足のローソク足が、上向きの移動平均線に沿って1~2本陽線が出たら、この後も上昇する可能性があるから、ロングで入る」など、配列を見ながらポジションを持ちます。他にも、「ローソク足にひげがたくさん出ている日はトレンドが出にくく、

ローソク足の2本先を想像しつつ、ポジションをホールドするか、枚数を増やすかなどを判断する

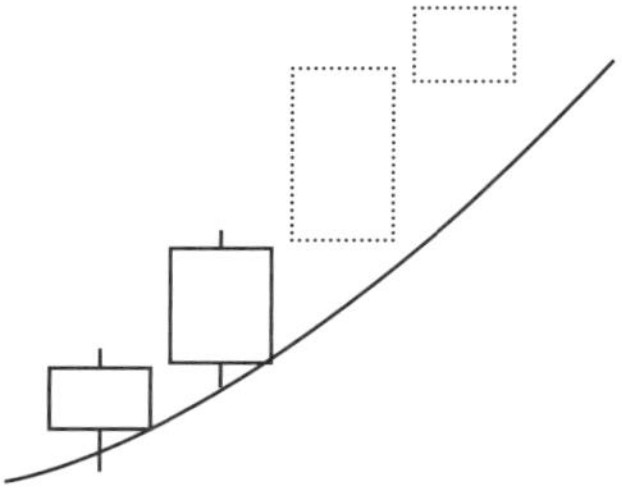

移動平均線に沿って
1～2本陽線が出たら、
この後も上昇する可能性がある

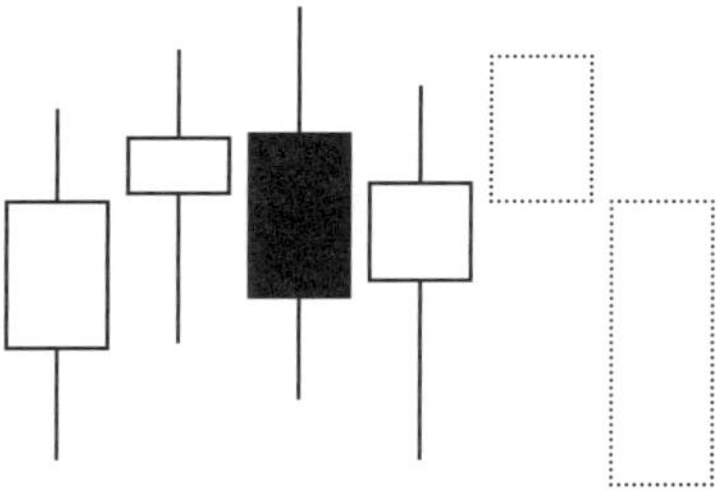

ローソク足に
ヒゲがたくさん出ている日は
トレンドが出にくい

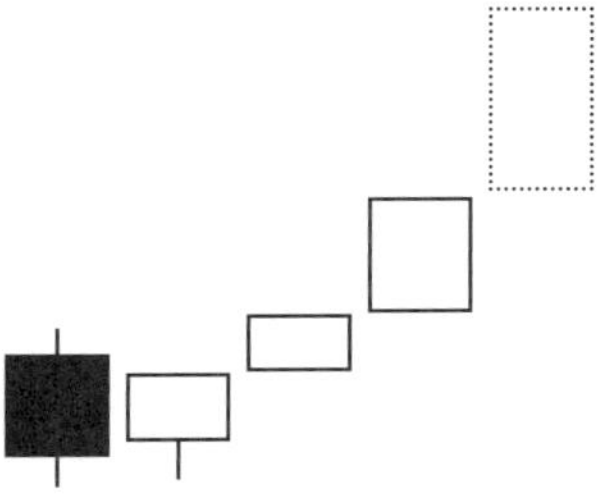

ローソク足のヒゲが短くて
きれいに並んでいる日は
トレンドが出やすい

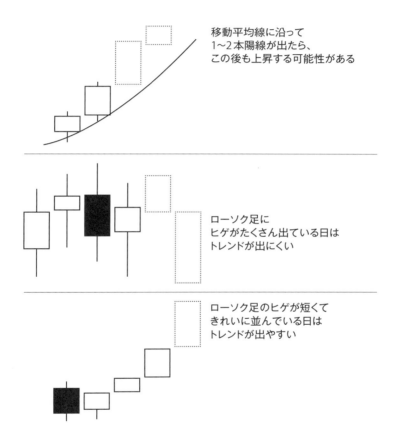

利益が取りにくいのでトレードしない」とか、その逆に、「ローソク足のひげが短くて、きれいに並んでいる日はトレンドが出やすいので、取引金額を多めにする」とか、過去の値動きをベースにして、どういう投資行動を取るのがいいのかを常に考えるのです。

私が主に見ているローソク足は5分足ですから、2本先、つまり10分後以降の未来を予測しつつ、小さなトレンドを順張りで狙います。ＦＸはスプレッドがあるため、常にマイナスでスタートしますから、ポジションを持った後、さらに値段が逆に行くリスクはできるだけ避けたいところです。２本先のローソク足が想像できるようになると、そのリスクは極力抑えられます。

◉ほどほどのところで利食いする

エントリーの方法を身につけた後、おそらく多くのトレーダーにとっての関心事は、どこで利益確定させるか、ということでしょう。相場は常に欲望との闘いですから、含み益が膨らんでくると、どうしても欲が出て、もっと利益を引っ張りたいと思います。その結果、利益確定のタイミングを逸して、気付いたら利益がなくなっていたということにもなりかねません。そのためには、トレンドが出ていれば長く持ち、できるだけ利益を伸ばしたいと思う一方で、その気持ちをコントロールし、欲をかかず、ほどほどのところで「勝ち逃げ」することが大事です。

私の場合、たとえば下落相場であれば、直近の安値近辺で利確するようにしています。そうすれば、陰線の実体部分の最下点、いちばんいいところで利確できるでしょう。節目まできたら、いったんは反発することが多いのが相場です。

もちろん、その後、さらに下落することもありますが、そうなるかどうかは、数日前からの相場つきが参考になります。トレンドが出ているときなら、比較的オーバーシュートしやすいといえますし、トレンドが出ていなければ、欲張らずに利益をコツコツ積み上げたほうがいいでしょう。

なお、ロスカットについては、できるだけ早めに切ることが大切です。判断を間違ったと思ったら、とにかく逃げることをお勧めします。

なぜ、勝ち逃げすることが大事なのか、ということですが、もちろんトレンドが出ている局面であれば、多少は欲を出して、長く持ち続けてもいいと思います。ただ、トレンドが出ていない局面で欲を出して、長く持つと、大体において失敗します。基本的に、スキャルピングのような超短期売買をする場合は、勝てる確率が高いうちにさっさと逃げるのが得策だと思います。

§1—4 注意しているポイントについて

メンタルが安定していることがトレードの勝ちに直結している

◉「勝ち逃げ」がメンタルには大切

トレードで勝ち続けるためには、どこかに時間の余裕、心のゆとりみたいなものがないとダメなのではないかと思います。

前節の勝ち逃げに通じることでもあるのですが、利益の最大化を徹底的に目指して、ひたすらトレードをするという人も、おそらくいらっしゃるでしょう。そういう世界の水が合っている人もいると思います。

ただ、私はそれをやると失敗するタイプだと思っています。だから、ある程度、自分で納得がいく額の利益が出たら、そのまま勝ち逃げするようにしているのです。そこから先の利益の追求はしません。そして、時間が余ったら子供と遊ぶとか、夫婦の会話に費やすとか、どこかで投資以外のものとのバランスを取った状態を維持しておかないと、トレードもうまくいかなくなるような気がするのです。仕事をしつつ、トレードをしながら、家族も大事にする。そういうやり方を目指していきたいと思います。

また、これもメンタル面の話ですが、人の収支に左右されないことが大切です。実は私自身、これをやってしまって調子をかなり崩したことがありますし、他の投資家に話を聞いても、やはり同じような経験をしているようなのです。

たとえば、他のトレーダーとの何気ない会話のなかで、その人がいま絶好調で儲けていることがわかったとしましょう。そのとき、多くの人はこう思うのです。

「同じ投資環境でトレードしているのに、どうして自分は儲からないんだろう。もっと儲けられるように頑張らなければ」

そしてこう思うことによって余計な力が入ってしまうのです。余計な力が逆効果になるのは、スポーツなどフィジカルなことだけでなく、メンタルなものにも当てはまるのです。結局、余計な力が入ると、冷静な判断ができなくなるだけでなく、欲望のコントロールができなくなるということです。したがって、人の損益にはあまり関心を持たないほうがいいでしょう。

◉兼業でやり続けられなければ専業にはなれない

収益的には、いまの状況でも十分、専業トレーダーになれると思うのですが、問題は再現性です。ギリシャショックの前の為替相場ではうまく儲けることができなかったように、今後も儲けられる相場が続くかどうかはわかりません。

たまたま、自分がいまやっているトレードの手法が、いまの相場に合っているだけかもしれません。だとしたら、相場が自分のトレード手法に合わなくなったとき、途端に利益が得られなくなります。いまは巡航速度で利益を上げていたとしても、来年、再来年はひどい状況になる恐れはあるのです。

一方、会社勤めをしていると、トレードの時間を自由に取れないなど、それがトレードの制約になっているのではないかと思うときがあります。しかし、こうした制約があるなかでも儲けられるようにならないと、専業トレーダーになってからも儲け続けることはできないと思っています。

せめて、会社から受け取っている給料を全額、預金に回せるようになるのが大前提です。専業トレーダーでやっていくということは、トレードによって稼いだお金で食べていかなければならないのですから、経続的にトレードをし、収益を上げ続けられる「サスティナブル・トレーダー」になるべきです。私の場合、FXを始めたのが2009年のことで、実際に会社の給料を全額、預金に回せるようになったのが2012年のことですから、3年かかりました。

こうした実績を10年は続けることが大事だと思っています。いまのトレード手法で、これから10年先まで稼ぎ続けることができたら、専業トレーダーになってもやれるのではないかと考えています。

Chapter 2

手法が正しくともメンタルが悪ければ失敗すると悟り4年間で1億1000万円を稼ぐ

Jさん（京都府在住の専業トレーダー）

かつては物理学者を志し、大学院で研究に打ち込んでいたJさんは、
ふとした疑問をきっかけにFXの世界に飛び込んだ。
物理学的なアプローチも交え、いまでは勝ち組トレーダーとなったJさん。
約半年間で3000万円を超える利益を上げたこともある。
そんなJさんが勝つためのポイントとしていまでも研究し続けていると語るのは、
「負けを減らす」ことと、「メンタルのコントロール」だという。
その要諦を教えてもらった。

研究者の道をあきらめてＦＸの世界に当初は小さなポジションでも心臓の音が聞こえてきた

◉ＦＸがむずかしいものだとは思わなかった

ＦＸを始めたのは２０１１年４月です。東日本大震災の直後でした。私の友人がＦＸをやっていて、マーケットの乱高下で、かなりの損失を被ったという話を聞いたのです。震災直後、たしか、震災の直後にドル円相場が１ドル＝78円台まで急激な円高となり、その後、１ドル＝83円近くまであっという間に戻したことを記憶しています。

それで、「ああ、そんな世界もあるんだ。でも、上がるか下がるか２分の１の確率なのに、なぜ負けてしまうのだろう」と思い、とりあえず少額資金を入れてスタートしたのが、ＦＸを始めたきっかけです。

もともとは、物理の研究者になろうと思っていました。ただ、実際に大学院に入り、研究者としての道をスタートさせたら、周りの人たちが非常に情熱を持って学問に取り組んでいる姿を見て、「これは自分には無理だな」と思うようになったのです。なぜなら、自分が大学院に入って研究者になりたかったのは、たんに会社という組織に入りたくなかっただけだったからです。自分の場合は消去法で考えて大学院に進み、研究者になれば好きなことだけをやって給料をもらえると、そんな甘いことを考えていました。しかし、同じように大学院に進んだ他の人たちは、研究に人生を捧げようとしている。その姿を見て、そこまで真剣に考えていない自分が研究者になるのは無理だと悟ったのです。

とはいえ、いまの自分は、ＦＸの値動きのクセなどに関しては細かく研究しているので、要するに興味を持つ対象が変わっただけなのかもしれません。いまはＦＸのことならずっと考え続けていられるし、まったく苦になりません。

ＦＸを始めようと考えた頃は、これがむずかしいものだとは、まったく考えませんでした。友人が損失を被った話を聞いたときも、「なんでそんな簡単なことができないの？」と思ったぐらいです。なぜなら、ＦＸは為替相場が上に行くか下に行くかのいずれかを選ぶだけのゲームですから、適当に選んだとしても、勝てる確率が50%もあるわけです。しかも、どちらを選ぶかは自分で決められるわけですから、そのゲームに負けるなんてどうかしているんじゃないかと考えたのです。

とにもかくにもＦＸに興味を持つようになり、２０１１年４月から実際にお金を入れて、ポジションを持つようになりました。

◉始めて1年半はまったく勝てなかった

現在は収益の累計が1億円に達しましたから、結果的には負けていません。しかし、最初の1年半くらいは自分の見込みとは違って、なかなか勝てませんでした。

50%の確率で勝てるはずのゲームになかなか勝てなかったのはなぜか。その理由はいろいろあると思うのですが、最大の要因は、やはりメンタルでした。相場を当てるノウハウの巧拙以前に、メンタル的に負けてしまってうまくトレードできないというというケースが大半だったと思います。

いまは、スキャルピングでトレードしていますが、始めた当初はもう少し長い時間軸でトレードしていました。１トレードで10ｐｉｐｓを取るのを目標に、ポジションの保有時間は大体1時間程度、翌日までポジションを持ち越すことはしませんでした。

私がＦＸを始めたときは、外国為替市場の値動きが激しい時期でしたから、ポジションを持ち続ければ3円、5円くらいは簡単に抜けていたのだと思います。それでも私は、10ｐｉｐｓの値幅にこだわりました。

理由は簡単で、ポジションを持ち続けるのが苦痛だったのです。当時は10枚くらいのポジションを抱えているだけで、心臓の音が聞こえてくるというか、とにかくドキドキしていました。それでもたまに翌日までポジションを持ち越すことがありましたが、そのようなときは夜中に何度も目が覚めてしまうという状態でした。

§2—2 トレードに対する考え方とやり方

Concept and Method of Trading

最初の資金は16万円からスタート
上手な人のブログを読んでトレード手法を検証した

◉当初はデータを集めて値動きを研究したが…

ＦＸのトレードを始めたときの元金は16万円でした。この16万円は当時の私にとって、ほぼ全財産でした。

これで1年半くらいトレードした結果は、増えもしなければ減りもしないというものでしたが、この1年半は決して無駄な時間ではありませんでした。というのも、この間にいろいろと試行錯誤を繰り返すことができたからです。この頃は、将来、ワンショットで1

00枚を打てるようなトレーダーになろうと考えていたので、たとえ負けたとしても、とにかく経験だと考えるようにしてトレードに臨んでいました。

この間、具体的に何をしていたのかというと、ひたすらデータを集めて、値動きを研究していました。たとえば上昇トレンドだったら、何銭下がったときに、リバウンド狙いでエントリーしたらいいのかを探すのです。

10銭下がったときに10銭リバウンドするのか、それともさらに下げるのかといったことを、20銭の場合だとどうなるのか、30銭の場合だとどうなるのかというように、さまざまな局面のデータを集めました。たしか、10銭刻みで70銭くらいまで計算したと思います。あるいは、リバウンドで10銭幅を取るためには、何銭下がったときにエントリーするのが、最も期待値が高くなるのか、ということも計算しました。

ただ、こうしたシミュレーションをベースにしてトレードをする場合、いかに新鮮なデータを使って、素早く実行するかが大きなポイントになってきます。

2012年にユーロが結構動いていたとき、ユーロ／円で14銭押したときにエントリーするとうまくいくというデータが出たものですから、それに沿ってトレードしてみたのですが、かなり短期間のうちに賞味期限切れになることがわかりました。結局、こうしたデータを集めてトレードしようとしても、自分が見つけたものは、往々にして他の人も見ているものですから、優位性がすぐに失われてしまうのです。つまり、データで優位性を発見し、トレードするという手法だと、優位に立つためのデータを常に発見し続けなければならず、これを延々と続けていくのは無理だと結論づけました。

◉「スキャルピングの基本形」を学ぶ

そんなあるとき、スキャルピングで稼いでいるFXトレーダー「爺ぽじさん」のブログを拝見し、そこから自分もスキャルピングをやってみようと考えました。その方はスキャルピングの世界では「超」がいくつもつくような有名人で、ブログにはエントリーしたポイントも書かれていました。

そこで、その方のエントリーポイントを見ながら、実際のチャートと照らし合わせたうえで、どうしてここでエントリーしたのか、なぜここで利確・損切りを行なったのか、ということを考えながら、徹底的にその方のトレードの研究をしたうえで、スキャルピングを実行に移しました。

その結果、見えてきたのは、スキャルピングの基本形のようなものでした。

それは、レートが跳ねてブレークした後に逆張りで入るという形です。ブレークして跳ねれば、いったんリバウンドが入ります。このリバウンドを取りにいくのです。

ここから自分のトレードスタイルが変わりました。値幅の研究をしていたときは、あくまでも10銭、20銭という形式的な値幅にこだわり、その動きをした後のリバウンドがどのくらいになるのか、という点を基準にして値動きを追いかけていましたが、スキャルピングの基本形らしきものになると、形式的な値幅は関係なく、スピードとタイミングが重要になってきます。レートが上昇するというよりも、ヒュッと跳ねるイメージです。

このイメージができるようになってから、ＦＸのトレードで利益が出るようになりました。それが２０１３年のことで、アベノミクスの影響もあって米ドル／円で86円台から１０５円台まで米ドル高／円安が進むなど、方向性がつかみやすくなったことに加え、各ＦＸ会社がスプレッドを０・３ｐｉｐｓくらいに縮小してきたため、スキャルピングのような超短期で小さい値幅を狙いにいくトレードでも、十分に利益が乗るようになってきたのです。

２０１３年当時に取引していたＦＸ会社では勝率がきちんと計算されていて、それを見たところ77％でした。この1年間で５０００万円の利益を上げています。結局、スキャルピングといっても、このようにトレンドが出ているときのほうが、収益は上がりやすいということです。

ただし、この手法を用いてトレードしている限り、常にレートの値動きから目が離せません。レンジブレークはもちろんのこと、普通にレートが動いていたところから突然、跳ねるケースもあり、それらの瞬間をとらえて逆張りでエントリーする必要があるからです。これらの動きは本当に一瞬のことですから、常にレートの動きから目を離すことができません。

実際、この当時は1日のうち16時間は、じっとレートの値動きを見ていたと思います。東京市場、欧州・ロンドン市場、ニューヨーク市場と、それぞれ値動きには特徴がありますから、私の場合は東京時間が得意なので、朝8時くらいから夜12時くらいまでをフォローしていました。また、夜12時を過ぎたらいっさい見ないということも決めていました。外国為替市場は24時間取引ができるので、すべての値動きを見ようとするとキリがないからです。

一般的には、東京時間の値動きはわかりにくいという方が結構いらっしゃいますが、私のようなスタイルでスキャルピングをやるトレーダーにとって、東京市場は結構狙い目だと思います。というのも、リバウンドが入る確率が高いからです。

取引している通貨ペアは米ドル／円が中心です。一応、英ポンド／円も見ているのですが、スプレッドが他の通貨ペアに比べると広いのが難点です。

スキャルピングのスタイルとしては、リバウンド狙いだけでなく、値動きについていくケースもあります。この場合は逆張りではなく、順張りで入ります。

順張りにするか、それとも逆張りにするかの判断は、チャートの形とプライスアクションで行ないます。もう少し具体的にいうと、揉み合いが長く続いた後、上か下に抜けたときには、そのまま順張りでポジションをとり、逆にリバウンドが入りそうな相場のときには、逆張りでポジションをとります。

経験上、どちらかといえば、逆張りのほうが多めです。とくに、東京時間のスタートは、値がはねて始まることが多いものの、その後は一方向にいかず、リバウンドが入りやすいので逆張りで攻めやすいと思います。

ただ、リバウンドが入りそうかどうかは、長期にわたって値動きを見続けているからわかることで、「ここがこうなったらリバウンドが必ず入る」というように、形式的な形が定まっているわけではありません。たとえば、リバウンドが入りそうな局面では、その前段階から値動きにスピードがつき、ローソク足の上ヒゲ、あるいは下ヒゲが大きく伸びることなどを予兆としてとらえ、すかさず逆張りにするのです。

値動きのクセをとらえて、スキャルピングで利益を狙う

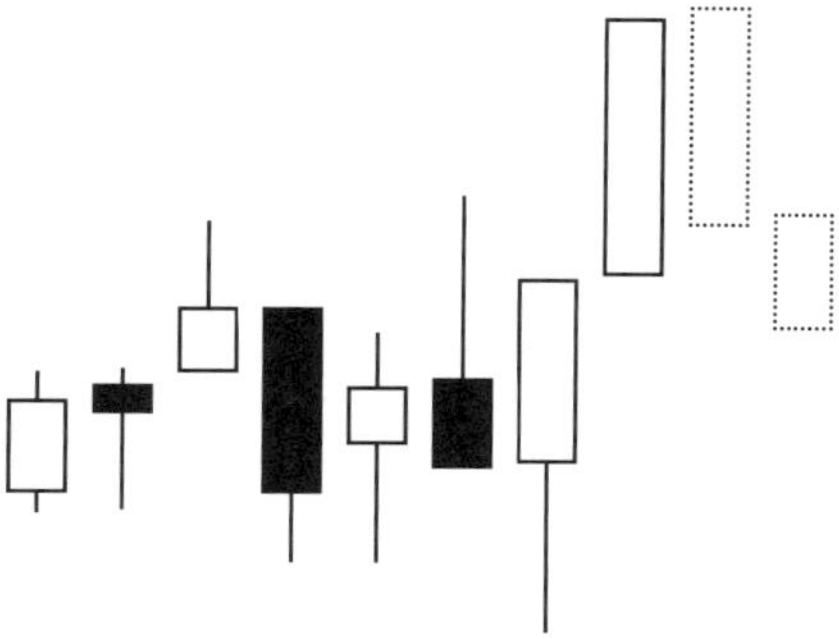

基本は値動きが
ヒュッと跳ねた後の
リバウンドを逆張りで狙う

揉み合いが長く続いた後、
上か下に抜けたときには
順張りで狙う

業者A
NZドル／円の
買いスワップ
60円

業者B
NZドル／円の
売りスワップ
▲40円

業者Aでの買いと
業者Bでの売りを
両建てにして
スワップの差を取る

◉業者間のスワップの違いを取る

スキャルピング以外の手法としては、ＦＸ業者によってスワップポイントが異なることに注目し、その裁定取引（アービトラージ）を仕掛けることもあります。

たとえばニュージーランド・ドル／円で、業者Ａの買いスワップポイントが１日につき60円で、業者Ｂの売りスワップポイントが１日につき40円だとしたら、これを１枚ずつ両建てで持つのです。つまり業者Ａはニュージーランド・ドル／円売りで、業者Ｂはニュージーランド・ドル売り／円買いというポジションを同時に持ちます。すると、60円のスワップポイントが業者Ａから得られる一方、業者Ｂには40円のスワップポイントを払うことになるのですが、両建てなので為替差損のリスクはない一方、差し引き20円のスワップポイントが獲得できるのです。

同じ通貨ペアでも、ＦＸ会社が異なると、スワップポイントも違ってきます。これはそれを狙ったトレード手法なのですが、注意点もあります。

このトレード手法は２社で行なう取引なので、その分、証拠金を倍、払い込まなければなりません。しかも、異なる２社のスワップポイントの差額は、それほど大きなものではないので、相応の利益を狙うためには、両方の業者に多額の証拠金を収める必要があるのです。

また、相場が急変したときに、トータルのリスクはなくとも、どちらかの口座が強制ロスカットされるリスクがある点にも注意が必要です。

FX会社をまたいでポジションを取るため、当然のことながら2つの口座をトータルして損益を見てもらえるわけではありません。相場がいずれかの方向に急激に動くと、一方の業者の口座では利益が生じても、もう一方の業者の口座の損失が大きくなって証拠金率が急低下し、強制ロスカットされてしまうリスクが生じてくるのです。

したがって、このトレード手法は、まず資金力があることに加えて、マーケットがあまり荒れていない、むしろレンジ相場に近い状態のほうが、うまくワークします。

メインで見るチャートは1分足と200移動平均線 利益確定も損切りも3pips

◉1分足をメインに「1本待ってから」エントリーする

スキャルピングの際に常にチェックしているチャートは1分足で、画面には5分足と15分足も表示しているのですが、トレードの判断材料として用いるのはあくまでも1分足です。他のテクニカル指標については、200移動平均線を用いているだけで、トレンドラインも引いていません。

200移動平均線ですから、1分足であれば、200分の移動平均を見ることになります。「２００」を使っているのは経験則からです。過去の推移を見ていると、なんとなく２００移動平均のところで反発する傾向が見られるので、リバウンド狙いのスキャルピングを行なううえで参考になるのです。とくに金曜日の23時くらいの1分足２００移動平均線は、結構うまくワークします。

逆張りの際の問題点は、自分が想定したのと逆の方向に持っていかれてしまうケースが想定されることです。米ドルがポンと上昇した。そのタイミングで逆張りの米ドル売りポジションを持ったところ、押し目をつくることなく、もう一段、上昇してしまったとなれば、私の負けになります。

だから私の場合、自分が入りたいと思った足の、１本次の足でエントリーすることにしています。それだけ引きつけてエントリーすることになるため、取れる値幅も比較的大きく、精神的なストレスは少ないような気がしています。

そして、利益確定も損切りも3ｐｉｐｓ程度で行なっています。損が増えていくのも、利益や資金が減っていくのも恐怖なので、すぐに手仕舞ってしまうのですが、この点については、自分自身でも改善の余地があるのではないかと考えています。

たとえば、３ｐｉｐｓを取って、利益を確定させるために米ドルを売るとしましょう。ここで利益を確定させるために米ドルを売るということは、この先、米ドルは下がると自分が考えているからにほかなりません。しかし、いまの私の場合、利益確定した後は、ドテンするのではなくポジションをスクエアにしてしまいます。もし、これから米ドルが下がると思うなら、米ドル買いポジションを清算した後、米ドルの売りポジションを持てばいいはずですから、あらゆる局面で利益をコツコツと積み上げていけるようなトレードを目指している私にとって、ドテンしたほうがいいのかどうかについて、目下、研究しているところです。

●損切りは決めたpipsで

損切りについては、テクニカルポイントを見極めて、そこに損切りの逆指値を置いたりする方もいますが、私はあくまでも額で損切りのポイントを決めています。大きく損をして運用資金を失うのが怖いから、というのがその理由です。

実は以前、自分がエントリーしてから3分後、どのような結果になったのかをデータを取って検証したことがあります。その結果は、3分も経過すると、自分のトレード手法に優位性はまったくなく、したがって、利益が小さくなるか、マイナスになる確率が高いということが判明しました。だから、私がポジションをとったときは、短時間でそのポジシヨンを閉じるようにしているのです。

ポジションを持つ時間は短いのですが、先ほども書いたように、引きつけてからエントリーするので、他のトレーダーに比べてエントリーする回数は少ないと思います。1日のトレード回数は、かなりマーケットが動いているときでも、せいぜい50～60回です。他のスキャルピングをする人に聞くと、1日に数百回という人はザラで、多い人だと1000回を超えているようです。

しかし、だからといっていたずらに、自分のトレード回数を増やそうとも思っていません。おそらくこれから先も、この程度のトレード回数を続けていくのでしょう。言い方は悪いかもしれませんが、要は無駄打ちをしたくないのです。

ただ、負けが込んでくると、少しでも早く損失を取り戻したくなって、それまで200枚程度で取引していたものを1000枚くらいに増やし、かつ3pipsで利益確定していたところを、10pipsまで我慢しようという誘惑にかられることもあります。取引回数はそうそう増やせないので、その分、取引枚数と利幅で、早めに取り戻そうと考えるのですが、それを実際にやると、おそらく大負けすると思っています。

§2―4 ムキになると必ず失敗する 勝っても負けても「たまたま」と言い聞かせる

◉メンタルと手法は一心同体

負けを取り戻そうとして大きなポジションを取ること自体、冷静な判断ができていない状態だと思うのです。ですから、損失を被ったときほど、少しずつコツコツと利益を積み重ねていこうと意識するようにしています。トレードでは、ムキになればなるほど、負ける確率が高まります。それは最初の1年半のトレードで身に染みています。

冒頭で書いたように、ＦＸは半分の確率で勝てる世界ではあるのですが、実際に勝てる人は、本当に一握りだといわれます。実際、いろいろな方に話を聞くと、どうやら市場参加者の9割が負ける世界であるとのことでした。

ただ、逆にいえば、誰がやっても勝てるか負けるかわからないのではなく、きちんとやった1割の人は勝つことができて、やらなかった9割の人は負けるのです。なぜ、9割の人が負けてしまうのか、そこには必ず、何かしらの原因があるはずです。

その負けの要因を自分自身が知っていれば、厳しい状況に直面したときにも、「このままだと負ける」ということがわかると思うのです。私の場合も、FXのトレードを始めてから1年半はなかなか勝てませんでしたが、そこで負けてしまう経験を積めたのは、とても良かったと思っています。

実は、2015年8月のチャイナショックのとき、1日で100万円を失いました。負けを取り返そうとして、ムキになってトレードした結果、5連敗したのです。

チャートの見方や手法は同じはずなのに、損失を取り戻そうとムキになったり、チャンスを見逃しているのではないかと不安になって安直なトレードをしたりすると、失敗してしまうのです。こういうときほど、自分の感情を抑えてエントリータイミングを待つことが大事なのです。その意味では、いくら手法を確立しても、メンタルが悪ければうまくいかないといえます。

ですから、いまは自分のメンタルを意識し、ムキになっていると感じたときには、「小さいチャンスはくれてやれ」と言い聞かせて落ち着くようにしています。

負けないようなトレードをするのに、最後の最後で大事になってくるのはメンタルだと、本当に痛感しています。メンタルが病んでしまうと、この世界では勝てません。だから、たとえば他の儲かっているトレーダーが書いているブログを読むことは刺激になっていいと思いますが、その際に、「あの人はこんなに儲かったのに、なぜ俺は儲からないのだ」と考えてしまうと、焦ってしまって良い結果は生まれません。

◉4年間で1億1000万円の収益

ＦＸを始めたのが２０１１年でしたから、かれこれ6年が経過しました。トレーダーの世界にも職人という概念にあてはまる人がいるのだとしたら、6年なんてまだ若造に過ぎません。これからもトレーダーの腕を磨いていこうと考えています。

この間、最初に16万円を証拠金としてトレードを開始し、途中、50万円の資金追加でポジションの枚数を増やしてトレードしてきました。最初の1年半は修行で、さまざまな試行錯誤を繰り返し、ようやく勝てるようになって4年が経過しました。現在、売買によって得た収益が1億1000万円に達しています。税金を納めて手取りが8000万円と少しという感じでしょうか。4年間のトレードの成果としては、まあ良かったと思います。

FXなんて所詮、上がるか下がるかを当てるゲームなので、自分の予想が当たって得意になったり、外れて落ち込んだりするのは、まったく無意味です。私は結果がどうであれ、それはたまたまだと思うようにしています。

しかし、その一方で、勝率が半分に近いゲームなのに、どうして損をすることがあるのかと、負けたときには本当に悔しい思いをします。ただ、この悔しいという気持ちがあるからこそ、いまもFXを続けていられるのだと思います。悔しいという気持ちがなくなったら、頑張ろうとしなくなりますし、トレーダーとしての成長も止まってしまうと思っています。

Chapter 3

1日に数百回のトレードを繰り返し
年間1億円以上を稼ぐ
スーパースキャルパー

近藤さん（四国在住の専業トレーダー）

パチンコ、株のデイトレ、FXと稼ぎの手段を変えてきた四国在住の近藤さん。
現在はFXで年に1億円以上を稼ぐスーパースキャルパーだ。
こう紹介すると、いかにも軽いノリで稼いでいるようにも聞こえるが、
どの世界であっても、そう簡単にお金を稼げるわけがない。
近藤さんもFXを始めた当初は、株のデイトレで稼いだ3000万円の資産を
180万円に減らすほど負け続けたという。
そこからどのようにして勝てるトレーダーになることができたのか。
その考え方、トレード手法の極意について語ってもらった。

§3—1 自己紹介

Self Introduction

株式投資で儲けた3000万円でFXを開始
2年間は失敗し続けて180万円まで減少

◉パチンコから株のデイトレへ

もともとお金が好きでした。お金が好きというと少し語弊があるのですが、要は誰よりもお金を稼ぎたいという気持ちが強かったのです。

にもかかわらず、社会人になって思ったのは、「稼ぐのは大変だ」ということです。四国の会社で働いても、東京などの大都市圏で働く場合に比べたら、信じられないくらい給料の格差があります。だから、会社員の給料だけでずっと生活していこうなどとは、まったく考えていませんでした。会社員は安定していても、毎月の給料以上のお金が入ってきませんから。

そこで、会社員としての仕事以外に、何か他の収入源はないものかと考えて、まず手をつけたのがパチンコでした。結構、これが儲かって、月50万円くらいの収入になりました。ただ、パチンコで稼ぎ続けるのは大変だということにも、同時に気付きました。

コンスタントに月50万円を稼いではいたのですが、パチンコではいくら勝っても稼ぎには限界があります。仕事をしながらの兼業パチプロみたいなものですから、打てる時間も限られます。平日、会社を定時に退社したとしても、夕方6時から夜11時くらいまでの5時間しか打てません。平日以外は土日に終日打つということになりますが、そうすると、仕事をしているとき以外の時間をすべて費やしたとしても、月50万円を稼ぐのが精いっぱいだったのです。

そこで、パチンコよりも儲かるのではないかということで始めたのが、株式投資でした。ちょうどインターネットで株式取引ができるようになった時期で、1998年のことでした。書店に行くと「インターネットで株取引」というようなタイトルの本が棚にズラッと並んでいたので、適当に数冊を購入し、少しだけ勉強して取引を始めたのです。元手は、パチンコで稼いだ300万円です。

当時は、ＩＴバブルに差しかかった頃なので、株式投資を始めるタイミングとしては決して悪くなかったはずなのですが、それでも最初の2年間はまったく勝てませんでした。株式投資に関連する本も相当読んだのですが、結局、この2年間で、３００万円の元金が80万円まで減ってしまいました。

正直、この時点で株式投資はやめようかなと思いました。2年間も一所懸命に株式市場と向かい合ったにもかかわらず、３００万円が増えるどころか、逆に80万円にまで減ってしまったのですから、やっている意味がありませんでした。

それでもやめずに株式投資を続けてきたのは、投資の仲間がいたからです。いまでもつき合っている株式の億トレーダーたちと、その当時にブログを通じて知り合いになり、お互いに励まし合っていました。当時は私だけでなく、他のトレーダーも大きな損失を抱えていた時期なので、「何とか、ここをしのいで、チャンスを待とう」などと、よく話したものです。

そして、負け続きの2年が過ぎると、徐々に勝てるようになりました。チャートをひたすら見続けていたら、個別銘柄ごとに、値動きのクセがわかるようになったのです。それさえわかれば、タイミングに合わせて売り買いを繰り返せばいいだけです。この時期から、毎年コンスタントに１５００万円くらいの利益が得られるようになりました。

働くことによって得ている給料以外に、毎年１５００万円の収入ですから、当時の私の年齢から考えれば、世間的にはおそらく十分すぎるくらいの金額だったと思います。

でも、私は満足できませんでした。もっと稼ぎたかったのです。ではどうするか。そのとき、ＦＸという存在を知ったのです。

いま、ＦＸのレバレッジは最大で25倍に規制されていますが、私がＦＸを知ったときは、最大で６００倍というようなレバレッジをかけたトレードができる時代でした。株式のトレードでは、信用取引でレバレッジを最大限にかけたとしても3倍程度でしたから、ＦＸはその数百倍のレバレッジが可能だったのです。これだけ高いレバレッジなら、株式のトレードよりもはるかに効率良く、大きな金額を稼ぎ出せるかもしれない、と思ったのが、株式からＦＸに転向した理由です。

◉当初の2年間はまったく勝てなかったＦＸ

とはいうものの、そう簡単に儲かるものではありませんでした。最初は、なんとなく「株式と同じようなものかな」と思って始めたＦＸですが、実際に資金を入れてトレードしてみたら、まったくの別物だったのです。

それはそうです。株価はマクロ経済の影響を受けるものの、それはごく一部で、やはり個別企業の業績による影響が大きいため、利益や純資産に比べて現在の株価のフェアバリューがいくらであるかなど、自分なりに価格の目安や割安・割高の判断を比較的簡単に行なうことができます。

一方、為替レートはフェアバリューを推し量るのが困難で、その値動きはファンダメンタルズよりも、マーケットの心理を強く反映します。ですから、株式投資と同じ感覚でFXのトレードをすると、どうしても失敗してしまうのです。そのうえ、数百倍のレバレッジをかけてトレードしていたため、株式のように塩漬けにして待つということができません。フルレバレッジでポジションを持つと、ほんの少しアゲインストになっただけで、あっという間にロスカットされてしまいますから、素早く損切りのポイントを見つけなければなりません。

このような違いがあるため、FXを始めて2年くらいは、本当に試行錯誤でした。結局、株式投資のときと同じように、始めてから2年間はまったく利益が出ず、3000万円近くあった資産は、180万円まで減少してしまったのです。この時期、実は結婚して家族がいたのですが、さすがにこの損失額を妻に話すことはできませんでした。

ただ、正直、かなり苦しい思いはしたものの、心のどこかに「必ず勝てるようになる」

と自分を信じる気持ちがあったのも事実です。もちろん、根拠はありません。ですが、株式投資を始めたときも、2年間はまったく勝てなかったものの、ひたすら値動きを見ているうちに、特有のクセがわかるようになったので、おそらくFXも同じではないかと考えたのです。とにかく、あきらめずに続けていれば、勝てるようになるはず。これは、私のトレードに対する信念といってもいいと思います。

為替レートの値動きを真剣に見続けた2年間地道な作業を繰り返してチャートの形を頭にインプット

◉どの世界でも真剣にやらなければ勝てない

実は、私はＦＸが大好きというわけではありません。できればやりたくない、と常に思っています。

たしかに、いまは年間で億単位の利益を上げられるようになりましたが、それを実現するために、ずっと取引画面の前に張りついているわけです。後で述べるように、私のトレードスタイルはスキャルピングといって、超短期の売買を繰り返すというものです。ポジションを持っている時間は、長くても1分間程度です。エントリーして、少しでも自分の予測と逆の方向に相場が動いたら、即、損切りします。それを日々延々と繰り返していくのです。

毎日のことですから、嫌になる気持ちはおわかりいただけると思います。ゲームのように、楽しくて、本当に好きでやっていることならまだしも、私の場合、それほどFXが好きというわけではなく、いまの時点でFX以上にお金を稼げる方法がないので、それをやっているだけのことなのです。FXよりも稼げる方法が見つかったら、きっとそちらに行くと思います。

そうはいっても、事実としてここまで利益を上げ続けているのは、何か要因があると思うので、それについてこの場を借りてお話します。

私のどこが、他の多くのトレーダー、それもなかなか利益が上がらずに苦労しているトレーダーと違うのでしょうか。格別に反射神経が良いとか、肝が座っているとか、持って生まれた才能が優れているというわけでは決してありません。ただ、改めて自己分析してみると、本気度が違うのだと思います。

よく、トレードをやっている方から「なぜ、そんなに儲かるのか」と質問されることがあります。そうしたとき、私はその方が実際にどのようなトレードをしているのか、ひとまず聞いてみます。そして、そこから得た結論ですが、大半の人は決して真剣にトレードをしているわけではないということです。

たとえば、トレード画面を見ながらテレビを見ていたり、あるいは、トレード画面を見るのと同時に、インターネットで他のサイトをチェックしたりしていませんか？

このように、「ながらトレード」をしている人が非常に多いのです。これでは値動きのクセなど把握できるはずがありません。為替レートの値動きは、とにかく集中して見続ければ、やがてそのクセがわかるようになります。そのくらい、マーケットと真剣に対峙しなければ、儲かるトレーダーにはなれません。

◉チャートの形を頭に刷り込んだ2年間

私の場合は2年間でしたが、誰でもとにかく数年間、ひたすら為替レートの値動きを真剣に見続けることによって、ある種の既視感が脳に刻まれると思います。つまり、いまの為替レートの値動きと同じようなパターンが過去にあったことを、ふと思い出すようになるのです。

次に、ＰＤＣＡサイクルを、トレードに導入しました。ＰＤＣＡとは、Plan（計画）

→Do（実行）→Check（評価）→Act（改善）の4段階を繰り返すことによって、トレードの成果をより良いものへと改善させることを目的とします。

そのために、パソコンのトレード画面をキャプチャーしたものをプリントして検証するという地道な作業を行なっています。「ここで買って、ここで売って、結果がどうなったのか」「なぜ、ここで、こういう判断を下したのか」ということをすべて記入して検証し、それを次のトレードにつなげるようにしました。

私の場合、スキャルピングなので、1日のなかで、それこそ何十回もトレードをするのですが、その1回、1回につき、すべてPDCAサイクルを回していったのです。それは非常に手間のかかる作業でしたが、相応のお金を稼ごうというのであれば、そのくらいのことはやるべきだと思います。何の苦労もせずにお金が儲かるなんてことは、絶対にありません。

もっとも、私の場合はトレード自体がそれほど好きではないので、このようにきちんと記録し、振り返ることをしないと、忘れてしまうからという理由もあります。知り合いのトレーダーに、心の底からFXのトレードが好きという人がいますが、その人は何も記録をしなくても、自分の頭の中に、どういう判断の下で、どういうトレードをしたのか、その結果はどうだったのかということが、しっかり記憶されているそうです。

しかし、そのような人は極めて少数です。私も含め、大多数のトレーダーは、たとえそれが自分のトレードだったとしても、細かく記憶することなどできはしないのです。

このPDCAサイクルを回すことによって、やるべきことが頭にインプットされるというメリットがありますが、それ以上に、トレードが不振に陥ったときなどに、この記録自体が大いに役立つという効能があります。

億トレーダーといっても常に勝ち続けているわけではなく、時には不振に陥ります。そのとき、勝っているときのトレードの記録を見直してみるのです。そうすると、自分のトレードが悪いのか、それともいまの相場に自分の手法が合っていないのかということを、客観的に見ることができます。

ちなみに、私の場合、それでわかったことがあります。いまの私のトレードの収支の良し悪しは、自分の調子が良いのか悪いのかが要因ではなく、相場が自分にとって勝てる動きなのか、それとも勝ちにくい動きなのか、に左右されるようになっているということでした。

かつては自分のトレードのスタイルが定まっていなかったため、相場の動きに振らされて自分の調子が大きく左右されていたのですが、いまはトレードのスタイルが定まっていて、どのような相場環境でも自分のやることが同じなので、収益の良し悪しは、自分のやり方に相場の動きが合っているかいないかに左右されている、ということです。

したがっていまは、調子が悪いとき、すなわち勝ちにくい相場のときには、何もせずに傍観していますし、勝てる相場のときには、積極的にトレードを行なっています。

具体的に、どういう相場のときが勝てるのかというと、私の場合はボラティリティが高い相場です。逆に、ボラティリティが低い相場のときには、あまり勝てません。

ちなみに、1日にトレードする回数は、バラバラです。少ないときだと10回程度しかトレードしないこともありますし、300回くらいトレードすることもあります。

◉優位性のある手法を繰り返す

「なぜスキャルピングなのか」「どうして超短期のトレードばかりをするのか」というような質問をよくされます。

その理由は、私にとっては1週間とか1か月先の予想をすることが、むずかしいからです。正直、1秒先の値動きはわかります。1分先でもまあまあむずかしくなるくらいのイメージです。しかし、それ以上になると、まったくわかりません。したがって、ポジションを持つ時間は、短ければ短いほど、予想は当たりやすくなります。

そして、自分にとって確度の高いトレードを数多く繰り返すというのは、いわゆる「大数の法則」に適ったものといえます。

結局、FXは一定期間後の為替レートが、上がるか下がるかの二者択一であり、たとえば、コイントスをしてポジションを決めるとすると、勝つ確率はほぼ2分の1です。

もちろん、手数料やスプレッドなどの、いわゆるテラ銭が差し引かれるので、勝つ確率が完全に2分の1というわけではありませんが、昨今のようにスプレッドが縮小し、かつ手数料も非常に安くなっていることを考えると、その確率はほぼ2分の1と考えていいと思うのです。

だとすれば、そこでコイントスよりも優位性の高い方法を見つけてトレードをすれば、2分の1よりは勝つ確率を高められるはずです。そして、その優位性の高い方法でトレードを繰り返せば繰り返すほど、大数の法則によって期待する確率に収束していきますから、トータルで勝てる(収益を残せる)ことになります。

ただ、実は一つだけ難点があります。それは、資金が増えて1回あたりの注文のロットが大きくなると、注文が入りにくくなることです。これは、株式投資で売買高の小さい銘柄を取引しようとしたときに流動性のリスクが高まるのと同じで、一定の枚数を超えた注文を入れようとしても、入らなくなってしまうのです。全力でスキャルピングをしようとした場合でも、金額にしてせいぜい1億円くらい（100万ドルくらい）までのロットでしかトレードできないのが現状です。結果、寝かせざるを得ない資金ができてしまい、運用の資金効率が落ちてしまうという問題があります。

そのため、少しポジションを持つ時間を長めに取ろうと考えたこともあります。しかし、前述したように、自分は「1秒先の値動きは読めても、1分先になると徐々に読みにくくなる」と考えています。ましてや、1週間後、1か月後の相場の動きを読むのは、まず不可能でしょう。

1年くらい、勝てなくなることを覚悟したうえで、長期のトレードに切り替えるという手はあるのかもしれません。ただ、一方でそれはいま短期トレードでほぼ確実に得られるはずの利益を捨てて、新しいトレード手法に切り替えることを意味します。その機会損失を考えると、なかなかスキャルピングから長期トレードに切り替えるのはむずかしいのが現実です。ここは、私にとっての悩みどころでもあります。

§３－３ 具体的なトレード手法など

Concrete trade method

トレンドが出ている場面で何度もスキャルピング　具体的には「２回目の揉み合いの後の動き」に乗る

◉考えるのではなく瞬時に反応する

トレードのやり方は具体的にどういうものかと聞かれると、なかなかむずかしいのです。昔は、自分のトレードのルールを明文化しようと考えていたことがあるのですが、結局、しませんでした。なぜなら、値動きをひたすら見ているうちに、言葉でルールを表現する前に、チャートの形で売り買いの判断ができるようになってしまったからです。

どういう判断をしているのかといえば、値動きの勢いを見て、その後の値動きが上に行きやすいのか、下に行きやすいのかを確率で考えています。たとえば、急落後にいったん切り返す形があります。その切り返しのスピードが早くて、下落分の半値まですぐに戻ったとしたら、そこで揉み合いながらさらに上昇し、急落前の値位置でもう一度もみ合ってから、さらに上昇することが多くなります。こんな具合に、値動きの形をいくつも記憶していて、次にどういう値動きをしやすいのかを判断しているのです。

ですから、トレード手法についてアドバイスするとすれば、「チャートの形を見ただけで反射的に売り買いの判断ができるようになるまで、値動きを見て欲しい」というのが適切なのかもしれません。スキャルピングは瞬時の判断が決め手になりますから、頭で考えてパターンにあてはめるのではなく、刻々と動きつつあるチャートの形を見て瞬時に反応できるようになることが、トレードで勝つためには必要だと思います。

◉「ティックチャートのギザギザ」に注目

ただ、そう言ってしまうと身も蓋もないので、「瞬時にチャートを見て反応している」ということについて、もう少し具体的に、自分で意識していることを説明してみます。

まず、いろいろな時間足を同時に見るようにしています。具体的には、15分足、5分足、

1分足、ティックチャートを瞬間的に見ています。その一方で、年足、週足、日足、1時間足といった、一見、スキャルピングには関係なさそうな長い足の値動きを把握するようにしています。というのも、それぞれの値動きが異なるのが普通なのですが、これまで自分なりにチャートを見てきた経験からすると、長い期間足の方向にバイアスがかかる傾向があるため、それを頭に入れておきます。

実際のトレードでは、まずは年足、週足、日足の順に見て、バイアスがかかる方向を把握します。ただ、たとえば1時間足は1時間に1回見ればいいわけですから、相対的に長い足ほど、頻繁に見るのではなく、一応、頭に入れておくという感じです。そこから15分足、5分足、1分足、ティックチャートをパッと見て、売りで入るか、買いで入るかを判断します。この際、全部が同じ方向に動くことは稀ですので、仮に5分足が下を向いていたとしても、15分足と1分足、ティックが上を向いていたら、買いから入るといった具合に、最終的な判断はいちばん短い足、すなわちティックチャートによって行ないます。

具体的な形として、わかりやすいものを一つ挙げてみます。

それは「ティックチャートで、ギザギザが長く続いたときは、順張り（揉み合いから抜けた方向）にエントリーする」というものです。ギザギザというのは自分なりの表現で、要は揉み合っている状態のことです。この揉み合い局面が長く続いた後には、大きめのトレンドが発生する可能性が高いため、順張りでエントリーするのです（揉み合いの時間が短いときには、逆張りでエントリーすることもあります）。

小さな値幅を狙ったスキャルピングですから、この場合の「抜ける」というのは、「ほんの少し」で瞬時に判断します。ただ、「ほんの少し」だとダマシ（揉み合いを上抜けたように見えても、そのまま上に抜けずに下がってしまうようなケース）にかかるケースも増えるため、最初の揉み合いを抜けたところではエントリーしません。揉み合いのレンジの上下にアラームをセットしておくと、レンジを上抜けた（下抜けた）ときにアラームが鳴りますから、その後の値動きを見ながら、トレンドの強弱を判断してエントリーします。

つまり、最初の揉み合いを上抜けた後、また揉み合い局面に入った後に再び上抜けたら、買いでエントリーします。

2回目の揉み合いを上抜けた後にいったん下がってきたときには、1回目の揉み合いが普段よりも長く続いていたときには買いのままにしておき、1回目の揉み合い局面が短かったときにはエグジットします。

もちろん、揉み合い時間の長さや、揉み合いの値幅によって、状況が変わることもあるので、この方法が絶対というわけではありませんが、これまでの経験からいえば、揉み合いが長くなるほど抜けたときに順張りで勝てる確率は高まります。

ティックチャートの値動きの形をいくつも記憶しておき、次にどうなりやすいかを判断している

急落した値幅の半値まで
すぐに戻ってきたら、
急落前の値位置まで戻して
揉み合った後、
上昇することが多い

2回目の揉み合いを
抜けた方向に
エントリーする

2回目の揉み合いを抜けて
再び戻ってきても、
1回目の揉み合いが長かったときは
そのまま様子を見る

◉米ドル／円がやりやすい

トレードの対象としている通貨ペアは、米ドル／円がメインです。もちろん、他の通貨ペアの値動きも見てはいるのですが、自分が実際にポジションを持つのは米ドル／円がほとんどです。「いろいろな通貨ペアを並行して見ておき、やりやすい値動きをしているものでトレードする」という方もいると思いますが、自分の場合は米ドル／円でやりやすい値動きが出てくるまでは待ちます。

ボラティリティという点では、英ポンドや豪ドルのほうが高いのは事実です。スキャルピングをしているトレーダーのなかには、少しでも値幅を取るため、こうしたボラティリティの高い通貨でトレードする人もいるのですが、値動きが激しい分、失敗するリスクも高くなります。大きく儲かったのに、大きく損したとなれば、結局、利益を得ることができないので意味がないと自分は考えています。

各通貨ペアの値動きのクセを見ていると、米ドル／円がいちばんスキャルピングしやすいのではないかと私は思います。

なぜなら、ローソク足でいわゆる上ヒゲ、下ヒゲになるような動きが出にくいからです。

ヒゲになるような動きが出にくいということは、ティックチャートレベルで「行ったり来たり」の動きをしにくい、ということです。これがたとえばユーロがらみの通貨ペアになると、一見大きく動いたようでも、ティックチャートレベルでみると、上げ下げを繰り返しながら動くというパターンが多く、スキャルピングをしようとすると、そうした動きに振らされてしまうのです。

ポジションを持つ時間については、長くても数分程度。いつもは数秒程度で利益確定、損切りをします。たとえば長めのチャートで見て、1ドル＝110円よりも下のレベルで揉み合いが続いた後、110円から112円まで上昇しそうな場面があるとします。その場合、その2円の値幅を取るのではなく、2円幅のなかの細かい揉み合い抜けの動きの、初動のいちばん取りやすい部分で何十回となくスキャルピングを繰り返していくのです。その際、たとえば長い足での揉み合いを上に抜けたならば、基本的には上に行きやすい流れなので、通常は買いと売りを1対1で見ているのに対し、買いは甘く、売りは厳しくという感じで対応します。

ちなみに、米ドル／円相場のトレンドには上昇トレンドと下降トレンドがあるわけですが、上昇トレンドよりも下降トレンドのほうが、はるかに取りやすくなりますから110円から108円まで下降する場面であれば、もっと効率良く勝つことができます。

これはチャートを見ていただくとわかると思いますが、上昇トレンドは比較的時間をかけて、ジワジワと上がっていくのに対して、下降トレンドは短い時間で大きく下がるケースが多くなっています。つまり、米ドル／円の場合、下降トレンドのほうがスピードに乗りやすいので、短時間で大きく稼ぐことができるのです。私の感覚的には下降トレンドのほうが、上昇トレンドに比べて3倍くらい稼ぎやすいというイメージがあります。

また、上昇にせよ下降にせよ、私は長めのチャートでトレンドが出ているところしか狙わないので、トレンド出現を確認できてからエントリーするようにしています。

ただし、揉み合いがブレークする場面以外でも、エントリーするケースがあります。たとえば、非常に長い揉み合い局面が続いた後、ブレークしてレンジの下限まで一気に下がったようなときには、そこで買いエントリーします。

なお、表示するチャートには少し工夫をしています。一般的なチャートでは、ボラティリティの大きさによって表示される値幅が随時変化していくと思うのですが、自分の場合、この値幅が変わってしまうと、方向音痴のような感覚になってしまうので、パソコンで表示させるチャート上で「何センチ幅が何銭」ということが大体一定になるようにしています。黒い背景に黒の線でエンベロープを表示させるように設定すると、それができるので、興味のある方は参考にしてみてください。

「これはヤバイかも」と考えて大きく動きそうな場面を察知する力は大切

◉トレンドのなかで何度もトレードする

実際のトレードにおいて大事なのは危機察知能力というか、大きく動くことを感じる力は、収益を狙うという意味でも、リスクを抑えるという意味でも大切です。私の場合、経験を重ねてきたためなのかもしれませんが、チャートの値動きを見ていると、「あ、これはヤバイかも」ということが、なんとなくわかるようになりました。

具体的にどういう動きなのかといえば、ティックチャートが「いかにも売り手と買い手で戦っている」という形になるのです。たとえば、米国の雇用統計が発表される少し前の時間帯がそうなりやすいと思うのですが、売り手と買い手が拮抗していて、値幅はそれほどないのに、値動きが神経質に跳ねるような状況です。こういうときは、拮抗のバランスが崩れると、いずれか一方向に、一気に相場が傾きます。

このような局面はめったにないのですが、私の場合、このような動きのときは、逆張りでショートポジションを持ってみます。揉み合いの上限に相場が跳ねたら、逆張りするのです。もちろん、さらにそこからもう一段の上昇トレンドが出現したときは、改めて順張りでエントリーし直します。

以上、いろいろ書きましたが、為替相場の値動きのクセは、ただひたすらに値動きを見ているとわかるようになります。また、私もそうでしたが、勝てるトレーダーになる前には、必ず負け続けるという試練を経験します。そのときにあきらめないこと。再起不能なほど負けないこと。この2点に注意して、勝てなくても辛抱強くトレードを続けていくうちに、必ず光明が見えてくると思います。

Chapter 4

豪ドル／円と
ニュージーランド・ドル／円の
サヤ取りで
1年で資産10倍の低リスクトレード

Yさん（大阪府在住のサラリーマントレーダー）

Yさんは、大阪在住40代前半の男性だ。
友人が経営する会社を手伝いながら、ＦＸ取引をしている。
ＦＸ取引を始めた当初、１０００万円を超える損を出したこともある彼が、
コンスタントに利益を出せるようになったのは、裁量トレードでの失敗の経験を活かし、
特定の通貨ペアの「価格差」を活かした取引をするようになってからだ。
Yさんが実践する「負けないＦＸサヤ取りトレード」について、
その考え方と手法を教えてもらった。

§4―1 自己紹介

Self Introduction

初めてのFXで1000万円超の損失 数年間のブランクを経て再挑戦

◉スワップ狙いの裁量トレードで大損失

私は専業トレーダーではなく、昼間は普通に会社勤めのサラリーマンをしています。FXを始めたのが2007年で、当時はポンドが1ポンド＝250円を突破した頃です。たしか、新聞やテレビのニュースで、ロンドンでは4つくらい先の駅に行くのに電車賃が日本円で1000円を超えているなどと騒がれていたことを覚えています。

その頃は、とにかく何も知らずにトレードしていました。たまたま自由になるお金があったので、それを元手にしてトレードしたのですが、当時はスワップポイントが相当に入ってきた時期なので、ポンド／円や豪ドル／円のような、高金利通貨を目いっぱい買っていました。当時読んでいたＦＸ関連の本には「スワップポイントで生活できます」などということがよく書かれていたこともあり、なんとなくＦＸが儲かるもののように思えて、いろいろトレードしてみたのです。

しかし、結局、総額で１０００万円の損失を出してしまいました。当時は25倍規制がなかったので、かなりのハイレバレッジでポジションを持っていたうえに、ほとんど勉強もせず、値動きだけを追って売り買いしていたのですから、損するのは当然だと、いまにして思います。

◉将来のために必要なお金をＦＸで稼ぎたい

さすがに１０００万円の損失には懲りて、数年間は何もしなかったのですが、やはり、少しでもお小遣いが稼げたらいいなと考えて復帰したのが２０１３年です。サラリーマンの収入だけだと年収３００万円いくかいかないか、という程度のものだったので、先々の不安にかられて再挑戦したというのが本音です。

私はそもそも投資というものをＦＸのトレードから始めたので、株式投資など、ＦＸ以外の投資の経験はありません。そしていまも株式投資をしようとは思いません。なぜなら、値動きがわかりにくいように思うからです。

為替レートは、マーケット参加者の心理が、その変動要因のかなりの部分を占めているので、「他のマーケット参加者が、いまの相場状況をどう見ているのか」を先読みすることが勝敗を左右します。一方、株式投資の場合、超短期のトレードならばマーケット参加者の心理によって動きますが、中長期の場合だと、企業業績やマクロ要因によって決まる部分が大きくなり、相場を考えるだけでは利益が上げにくい部分があり、あまり興味がわかないのです。

また、24時間トレードができるのもＦＸの魅力です。私は兼業トレーダーとはいえ、日中も5分おきにレートの動きを見ていられるような立場なのですが、おそらくオフィスワークなどを中心にしている人だと、会社のパソコンにチャートを映しておくことはできませんから、夜、家に帰ってきてトレードをする方もいらっしゃるでしょう。そういう方にとっても、24時間トレードできるのは最大の魅力なのではないでしょうか。

いまの時代は、昔のように給料が右肩上がりの時代ではありません。それならば、自分で知恵を絞って、お金にお金を稼いでもらう、言い方を変えれば、お金にも働いてもらうような方法を考える必要があると思っています。

今後は、できればＦＸで専業のトレーダーになり、現在の手法を使ってお金を稼ぎつつ、余裕のできた時間を友人と楽しく過ごしていくのが理想です。いくらお金がたくさんあったとしても、朝から夜中まで仕事をして、友人や家族と楽しく過ごす時間を犠牲にしてしまうというのは、人間としてあまり幸せではないような気がします。この点、ＦＸで稼げるようになれば、とても人間らしい生活が送れるようになると思うのです。

「サヤ取り」の考え方をＦＸに応用 トレンドを読み違えて損をするリスクを抑える

◉「負けない」やり方を考え抜く

１０００万円の損失に懲りてＦＸを中断し、その後トレードを再開した後も、実はとくに何か大きく手法を変えたわけでもなく、最初にトレードをしたときと同じ方法、すなわちチャートをみて漠然とトレードを繰り返していました。

ただ、その方法だと勝ったり負けたりを繰り返すので、なかなか継続的に勝つことができませんでした。そこで考えたことは、単純に「負けるのがいちばん良くない」ということでした。当たり前のことですが、勝った後で負けなければ儲かります。そして、そのための手法は何かを考えるようになったのです。

そこで思いついたのが「両建て」の考え方です。そのやり方、考え方を研究したところ、相場の流れに乗って大きく勝つことはできないけれど、きちんと考えてポジションを取れば着実に勝てそうで、かつ、とにかく負けることがない手法だと確信しました。

株式や商品先物取引には「サヤ取り」という手法があります。たとえば、通常、似たような値動きをしている2つの銘柄が、決算発表などで通常と異なる動きをしたときに、高いほうを売り、安いほうを買うことによって、売りと買いの両方のポジションを同時に持ち、その差が通常の状態に戻ったときに決済することによって利益を得る、いわゆる両建ての手法が「サヤ取り」です。

値動きが相関関係にある2つの金融商品は、短期的に値動きがかい離したとしても、材料を折り込んだ後、不思議とまた同じような値動きに戻るという特性があります。そこで、2つの動きがかい離したときに、「いずれは元に戻る」ことを想定してポジションを取るのです。

どちらも同じように上がる、どちらも同じように下がるときには、どちらかで利益が出て、どちらかでは損失が出ますから、トレンドを大きく取れる方法ではありませんが、その反面、トレンドを読み違えたことによって大きな損失を出すこともありません。利益の源泉はあくまで2つの銘柄の動きの「差」だけだからです。

◉1年で100万円を1000万円に増やした

実は、FXでも特定の通貨ペアに関しては、その「サヤ取り」が有効になるのです。

FXの両建てというと、たとえばドル／円の通貨ペアであれば、ドル買い・円売りと、ドル売り・円買いというように、同じ通貨ペアで、正反対になるポジションを同時に持つ、と考える方が大半だと思います。しかし、この方法は結局のところ、ポジションを持っていないのと同じことであり（むしろ両建てにする際の売買にかかるスプレッド分だけ損をします）、自分なりのペースをつかみたいとか、メンタル的に楽であるとか、片方のポジションを決済したくない格別な理由がない限り、あえて実行する意味はありません。

これに対して、私が実行している両建ては、異なる通貨ペアの組み合わせで両建てするというものです。

当初、この取引手法を始めたとき、証拠金は100万円程度を入れてスタートしたのですが、そこから約1年間で、100万円を1000万円に増やすことができました。超短期でレバレッジも高めて、レートの方向性に賭けるようなトレードを繰り返し行なえば、もっと大きく稼げたのかもしれません。しかし、そういうトレードでは下手をすれば大きな損失を被るリスクもあったわけで、その点では、ほぼ損切りのリスクもなく、1年間で資産が10倍になるのは、効率的に考えても、決して悪くはないだろうと思っています。

異なる2つの通貨ペアを両建てにする国力の違いが生む「サヤ」を狙う

◉損失を被るリスクを最小にできる手法

このトレードを行なう場合は、両通貨ペアのポジションの枚数は同じにします。枚数が異なると、どちらかの通貨ペアのロングまたはショートが多くなり、その通貨ペアのトレンドを取りにいくのと同じことになってしまうからです（当然、その分だけ売買差損が出るリスクが高まってしまいます）。

私の手法のポイントは、大きく稼ぐことができない代わりに、損失を被るリスクを最小限に抑えられるところにあります。それを実現させるためには、両通貨ペアの取引枚数を、必ず同じにしてください。

たとえば、ニュージーランド・ドル／円と、豪ドル／円との組み合わせについて考えてみましょう。私の経験では、この2つの通貨ペアの動きは、多くの場合、豪ドル／円が、ニュージーランド・ドル／円よりも円安水準にあります。また、基本的に、豪ドル／円とニュージーランド・ドル／円の強弱が逆転するケースというのは、過去の両通貨のレートを見たところ、ほとんどありません。

それを前提に、現在のレートが、1ニュージーランド・ドル＝82円40銭で、1豪ドル＝87円90銭だとします。両者のレートの差は5円50銭になるわけですが、このときは両建てポジションを持たずに、様子を見ます。

両通貨ペアは、外国為替市場で自由に価格形成がされているので、レートの幅が広がったり、狭まったりしています。そして、レートの幅が2円を切るくらいになったとき（ニュージーランド・ドル／円が相対的に上がり、豪ドル／円が相対的に下がったとき）、両建てのポジションを仕掛けます。

このときに持つポジションは、豪ドル／円の買いと、ニュージーランド・ドル／円の売りになります。

なぜなら、先の前提からすれば、このように両通貨ペアのレート差が縮小したときは、近い将来、再び4円幅、5円幅というように通常の状態まで広がるはずだと考えられるからです。

ポジションを取った後の展開の理想としては、豪ドル／円の上昇と、ニュージーランド・ドル／円の下落が同時に進んでレート差が広がることです。このような形であれば、両方のポジションで利益が得られます。また、両通貨ペアが上げる、あるいは下げるといった形で同じ方向に動いたとしても、ポジションを取ったときよりもレート差が開けば、これも利益が得られます。

逆に、損失が生じるケースは、さらにレート差が縮小したり、もしくは逆転したりする場合です。ただ、過去のレートの推移を見ても、このようになるケースはほとんどなく、仮に逆転したとしても、ほんの1日か2日程度であり、その後はまた価格差が広がる傾向が見られます。

ポジションを取る際の価格差の最適値については、豪ドル／円とニュージーランド・ドル／円の通貨ペアを組み合わせる場合、エントリーするのは価格差が2円以下になったときで、そこから価格差が開いて両建てのポジションをトータルして利益が出たときに、ポジションを解消します。

ただ、利益確定、すなわちどの程度までレート差が開いたときにポジションを解消すればいいのかという点については、その最適値を求めていません。正直なところ、そこは勘で行なっているところがあります。過去のケースで見ると、基本的には5円程度まで開くのが普通で、大きく動いたときは10円幅くらいまで開いています。

◉2つの通貨ペアの動きの「差」が利益の源泉

実例を挙げて説明してみましょう。

２０１６年8月下旬から9月中旬まで、豪ドル／円とニュージーランド・ドル／円のレート差が、2円くらいまで縮まった時期がありました。その前の1年の平均価格差が5円なので、かなり縮まっています。これは過去の経験則からすると、いずれ価格差が広がることが想像できます。そこで、ニュージーランド・ドル／円の売りポジションと、豪ドル／円の買いポジションを持ちました。その後、9月中旬から12月下旬にかけて、豪ドル／円は76円台半ばから86円台後半まで上昇する一方、ニュージーランド・ドル／円は74円台半ばから83円台前半まで上がりました。

両通貨ペアは対円で同時に上昇しましたから、売りポジションを持っているニュージー

豪ドル／円とニュージーランド・ドル／円を両建てにして利益を出したときのレートの推移

■豪ドル／円

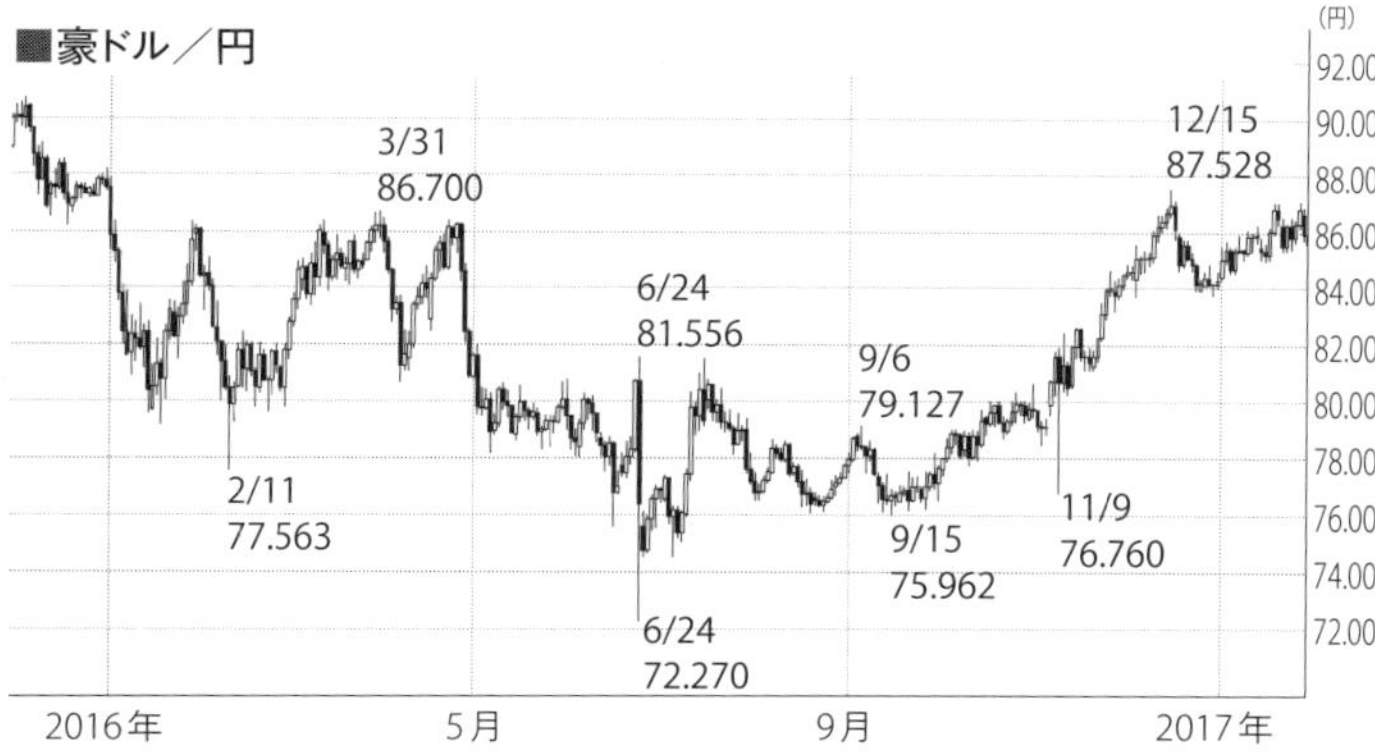

■ニュージーランド・ドル／円

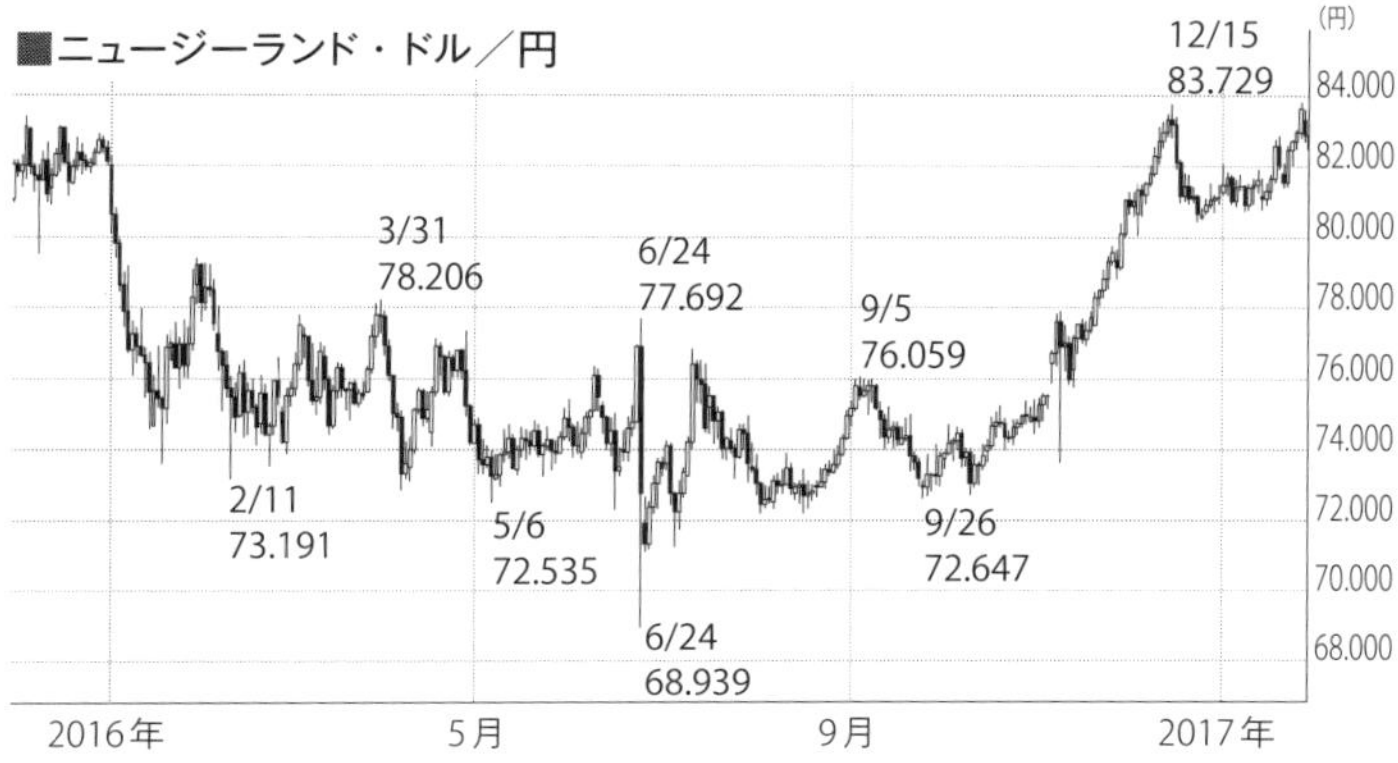

ランド・ドル／円にはマイナスが生じます。

しかし、大切なのはこの間の両通貨ペアの上昇幅の差です。豪ドル／円の上昇幅が約10円50銭なのに対し、ニュージーランド・ドル／円の上昇は、8円70銭に止まりました（両通貨ペアのレート差は広がっています）。その結果、豪ドル／円は、ニュージーランド・ドル／円のマイナス分を超える利益を稼いだことになります。

このような両建てトレードの場合、リスクを抑えることができる反面、得られる値幅も狭くなってしまいます。したがって、ある程度のポジション量を持たなければ、利益の絶対額を増やすことはできません。現在の私の場合は基本的にそれぞれ１００枚（１００万通貨単位）のポジションを持ちますが、この場合、１円の値幅で１００万円の利益になります。

レバレッジは25倍まで可能ですから、必要証拠金額は１通貨ペアあたり３５０万円程度必要ということになります。なお、両建て取引はリスクを抑えられるため、25倍のフルレバレッジにしたとしても、リーマンショックのような、過去の動きがあてはまらないような状況に陥らない限り、強制ロスカットになるような事態はまずありません。

ＦＸをしていていちばんダメージが大きいのは、強制ロスカットされてしまうことです。ポジションがあれば、またレートが戻って損を取り戻せる可能性もありますが、強制ロスカットされると、ポジションがなくなったうえに証拠金が減ってしまいますから、損を取り戻すための新たなポジションを取ることもできなくなります。

両建てによるサヤ取りトレードのメリットは、マーケットが荒れたときにも強制ロスカットされるリスクを減らすことができることにあります。事実、２０１６年11月の米国大統領選挙のときも、結果が明らかになった瞬間、米ドル／円のレートはいったん、大きく円高に突っ込んだ後、円安に向かい、大勢のマーケット参加者がそこでやられたと聞きますが、私のポジションはとくに大きな損失を生じることもなく、強制ロスカットされることはもちろんなく、淡々と利益を上げることができました。

レート差が拡大する方向にだけポジションを取る　決してスケベ心でポジションを取らない

◉「通常の状態に戻る方向へ」が基本

この手法についてお話すると、よく質問されるのが、「広がったときに、逆のポジションを持たないのですか?」というものです。

豪ドル／円とニュージーランド・ドル／円の組み合わせでいえば、両者のレート差が10円、15円というように大きく広がったときに、豪ドル／円の売りとニュージーランド・ドル／円の買いを組み合わせ、縮小して利益が出るのを待つということですが、この方法はリスクが大きいと思います。

私の経験則では、この手法はレート差が通常よりも縮小しているのがイレギュラーな状態で、いずれ必ず拡大してレギュラーな状態に戻る、ということを前提にしたトレード手法であって、レート差が広がっているときには、将来的に縮小するということを前提にしてはいけないと考えています。

うまく説明できないのですが、レート差が通常よりも拡大しているときには、何らかのトレンドが生じている可能性があり、それを無視してポジションを取るのは、避けたほうが無難です。したがって、私はレート差が縮小したときに、拡大して戻ることを前提とした方向にしかトレードしないようにしているのです。

また、もう1点、大切なポイントがあります。

それは、スケベ心を起こさないことです。思ったとおりにレート差が拡大すると、そのままもっと豪ドルが上がるかもしれないなどと思ってしまいがちなものです。そのときにニュージーランド・ドルの売りポジションだけを解消したりすると、ただの相場観による豪ドル／円の買いポジションになってしまいます。

そうなると、その先の動きはまったく未知の世界ですから、どうなるかについて経験則や過去の統計的な数字の裏付けはなくなってしまいます。結果的に大損してしまうケースは、十分に考えられます。人間というのは欲望に弱く、スケベ心を抱きがちなので、この点にとくに注意したほうがいいでしょう。

そもそもなぜ、このようなレート差が常に生じ、開いたり戻ったりしているのかといえば、通貨のベースにある国力の差がその要因だと思います。

たとえば豪ドルとニュージーランド・ドルは、同じオセアニア地域のイギリス連邦に所属する国として、いわゆる同胞であり、かつ資源国です。ただ、同じ資源国でも、オーストラリアは鉱物資源がメインであり、ニュージーランドは農作物など食糧資源を中心としています。もちろん、両方とも人間が生きていくうえで必要な資源ですが、国別のGDPを比較すると、オーストラリアが1兆2589億8000万ドルで世界第13位であるのに対し、ニュージーランドは1819億9000万ドルで世界第53位です（2016年の数値）。厳密にいえば通貨の発行量なども勘案しなければならないと思うのですが、いずれにせよ、こうした国力の違いやイメージなどを背景に、マーケットにおいて為替レートの通常の「水準」の差が決まっていると考えられます。

◉豪ドル／円とニュージーランド・ドル／円が最も有効

同じことはカナダドルと豪ドルにも当てはまります。オーストラリアのＧＤＰは申し上げたとおりですが、カナダのＧＤＰは１兆５２９２億２０００万ドルで、世界第10位です（２０１６年の数字）。僅差ではありますが、カナダのほうがオーストラリアよりも国力は上と考えられます（もちろん、国力はＧＤＰのみで比較することはできず、他にも軍事力などさまざまな要素で比較するべきですが、ここでは簡易的にＧＤＰのみで比較してみました）。

こうした視点から、私の場合、常に他の通貨ペアでも何か有効なものはないかと探していますが、結果としては、現状では豪ドル／円とニュージーランド・ドル／円の組み合わせが、最も有効に機能していると思います。

たとえば、これまで私が試みたものとしては、ニュージーランド・ドル／円とシンガポール・ドル／円の組み合わせがあります。

この場合は、ニュージーランド・ドルの対円レートが、シンガポール・ドルの対円レートよりも高いのが通常ですから、ニュージーランド・ドルが安いときに、ニュージーランド・ドル／円を買う一方で、シンガポール・ドル／円を売っておき、ニュージーランド・ドルが高くなって利益が出るのを待ちます。

あるいはカナダドル／円と、豪ドル／円の組み合わせも可能です。

通常、カナダドルが豪ドルに比べ、対円では高い水準にいるのが普通ですが、時々、石油問題に絡んで、カナダドルが豪ドルに比べ、対円で安い水準に位置するケースもあります。ただ、この逆転現象もそう長くは続きません。一時的にカナダドルのほうが、豪ドルに比べて対円で安い水準になるケースもありますが、時間の経過とともに、再び元の位置関係に戻るのが普通です。ですから、カナダドルが安いときに、カナダドル／円の買いポジションを持つ一方で、豪ドル／円の売りポジションも持ち、相対的にカナダドルが高くなって利益が出るのを待ちます。

このように、通貨ペアの組み合わせについては、多少の「共通項」があるもの同士を組み合わせたほうが、国力差がうまくレートに反映されるような気がします。

この点、ユーロと英ポンドも、同じ欧州通貨という点で、こうしたトレード手法がうまくワークするのではないかと思った時期もあったのですが、現状ではイギリスがブレグジットでEUから離脱する動きがあり、今後、ハードブレグジットになるのか、どうなのか、その行方が見えにくいこともあるので、慎重に見極めたいところです。

また、先ほど挙げたニュージーランド・ドルとシンガポール・ドルの組み合わせについては、過去の値動きからすれば、レート差を利用した両建てトレードは有効のように思えるのですが、共通項があまりないので、多少は慎重に見たほうがいいのかもしれません。

Chapter 5

バイナリーオプションで損切りを磨き「10分後のレート」が見えるようになった億トレーダー

Mさん（関東在住の専業トレーダー）

FX専業トレーダーのMさんは、関東在住の40代の男性だ。

逆張りを狙ったスキャルピングに、トレンドが出ているとき限定のスイングトレードを組み合わせ、年間で億単位の利益を上げている。

自らの強さの秘密は、「素早く、潔い損切り」だというが、それは失敗続きのFXから一時撤退し、バイナリーオプションをしていたときに学んだとのこと。

常にフルレバレッジで取引しながらも、自分のトレードを冷静に分析し、すぐに損切りできることが勝ちにつながるという、その考え方と手法を教えてもらった。

ユーロ安を信じて始めたＦＸで大損害 運用資金８００万円をほぼ溶かす

◉ハイレバレッジのＦＸで８００万円をほぼ失う

投資を始めた年齢は29歳のときでした。いわゆるフリーターで、アルバイトで日々の生活費を稼ぐという毎日でしたが、少しだけ生活費以外のお小遣いを稼ごうという気持ちから個別株投資を始め、１年間で数十万円程度の利益を得ていました。

やり方はオーソドックスなスタイルで、投資していた銘柄も、トヨタ自動車など誰もが社名を知っている大型株ばかりです。新興株などは、派手に値上がすることが多くても、利益確定や損切りをしようとするタイミングでは値がつかなくなって売れなくなるようなリスクを考えて、いつでも売買できる大型株を、値動きを見ながらデイトレードするというものでした。

また、ＩＰＯ投資もしていました。当選しやすかったインターネット証券に、複数の口座を開いて応募していました。当時は結構、マーケットの調子が良かったので、ＩＰＯ銘柄が上場したときに、公募価格の2倍、3倍になるケースも珍しくありませんでした。それを上場初日に売却して利益を確定させるという手法で儲けました。大儲けすることはありませんでしたが、着実に利益を積み重ねられる方法でした。

そうした自分なりの投資手法に、もう少し投資のバリエーションを増やそうと考えて取り組んだのがＦＸでした。

ＦＸもポジションの持ち越しは嫌だったので、完全にデイトレードでした。そして、実は最初のトレードからうまくいきました。

しかし、うまくいったのは本当に最初だけで、そこから厳しい負けトレードが続きました。当初、証拠金として１００万円を入金して始めたのですが、あっという間にそのお金がなくなり、株式投資で増やしたお金もどんどん次ぎ込んでいきました。それでも勝つことができず、結局は持っている資産の大半を溶かしてしまったのです。８００万円くらいあったはずのお金はほぼなくなりました。

いまにして思えば、なくなって当然です。そのくらい何もわからないままトレードを繰り返していたのです。しかも、私がＦＸを始めた頃は、まだレバレッジが何百倍も可能な時期でした。さすがに１００倍、２００倍までレバレッジを高めることはありませんでしたが、それでも50倍程度までレバレッジをかけていたと思います。当然、それだけ証拠金を失うのも早いわけです。

◉評論家の相場観を鵜呑みにしてはいけない

人の言葉を信じてポジションを取ったのも失敗の一因だと思います。ＦＸを始めてしばらく経ってからのことですが、いろいろトレードを試行錯誤するなかで、メディアなどで取り上げられている、アナリストと称している人たちの見方を参考にして、ポジションを取ってしまったのです。

この頃、多くのアナリストが、「これからはユーロ安になるだろう」と言っていました。時期的には、２０１１年のギリシャショックが起こったときです。

当時はユーロに対する不信感が一気に高まっていました。ギリシャがユーロ加盟国であり続けるために満たさなければならない条件をごまかしていたことが発覚し、イタリアやスペイン、ポルトガルといった南欧諸国の債務までもが懸念材料になり、ユーロはいずれ崩壊するのではないかという見方も浮上しました。

これだけの悪材料があれば、ユーロ安になると思うのも当然でしょう。実際、2012年7月にかけて、ユーロは対ドルで売られ、一時は1ユーロ＝1・2ドル割れ寸前まで下落していました。この動きに乗じて大儲けできるのではないかと考えて、私もユーロ売りのポジションを持ったのです。

ところが、そこからユーロは上昇し、2014年にかけて1ユーロ＝1・4ドルを目指す動きとなりました。その先はご存じのように、ユーロは再び下降トレンドに入り、2017年1月には1ユーロ＝1・03ドルまで下がるのですが、私はこの2014年にかけてのユーロ高局面で、大きな痛手を被ることになったのです。

この局面で、株式投資などで運用していた800万円の資産をほぼ失ってしまったわけです。精神的なダメージが大きくて一時的にトレードを封印しました。

1年間、バイナリーオプションを続けて「損切りしてリセットする」ことを学ぶ

◉「なぜ失敗したのか」と考え続けた

結果としてはこの休みがよかったと思います。自分のことを自己分析すると、私は基本的にはギャンブラーに近い性質を持っていますから、仮にそのままトレードを続けるような状況であったら、おそらく消費者金融に駆け込んで資金を調達して、さらに負けていただろうと思います。

しかし、そうはならなかった理由は、根本的なところで自分のトレードに対する自信が

なかったからだと思います。８００万円近いお金を失ってしまったことにより、株式投資にも、同時並行で行なっていた日経平均先物取引にも手が出せなくなり、数か月程度ではありますが、完全にマーケットから遠ざかることになったのです。

休んでいるあいだは、なぜ８００万円もの資金を溶かしてしまうほど失敗したのかということばかりを考えていました。

その答えはいくつかありました。

まず、ローソク足チャートも、テクニカル指標も、何も見ずに、レートの値動きだけを判断材料にトレードしていたのですから、これは広い海原で、海図もコンパスも持たずに航行しているようなものでした。

しかし、トレードに失敗した最大の原因は、損切りができなかったことに尽きるのではないかと思います。当時を思い出すと、「これは、もうダメなのではないか」というポジションを持っているときも、頭のどこかで、「いや大丈夫。そのうち戻すはず」という、何の根拠もない期待感が浮かんできて、切らなければならないものも切れない、という状態になってしまったのです。損切りするというのは、要は損失を含みではなく実現させるものなので、リアルに金銭を失うことになります。それに対する恐怖心が強かったのだと思います。

◉1年間バイナリーオプションを続けて「損切り」を学ぶ

もちろん、いまは躊躇なく損切りをしています。その頃にできなかった損切りを、なぜいまはできるようになったのかというと、バイナリーオプションを始めたことがきっかけになりました。数か月間、トレードを休んだ後、再開したのはバイナリーオプションからだったのです。

バイナリーオプションとは、簡単に言うと、一定時間後の為替レートが円高になるのか、円安になるのかを当てるもので、たとえ1銭幅でも、自分が予想した方向にレートが動けば、収益が得られるというものです。

私がトレードしていたバイナリーオプションは、10分後のレートが円高・円安どちらの方向に動くかを予測するもので、24時間取引できました（現在、10分後のレートを予測するバイナリーオプションは、博打性が強いという理由などにより、どのFX会社でも扱われていません）。

始めた当初はなかなかうまくいかず、何とか捻出した100万円の資金をつぎ込みながら続けていましたが、取引回数を重ねているうちに、勝ちが負けを上回るようになりました。寝る時間、食事の時間、お風呂に入る時間、犬の散歩の時間以外は1日中、10分後に

「バイナリーオプション」の画面
一定時間ごとに必ず結果が出るしくみ

どうなるかを考えながらチャートを見続けていたと思います。とにかく、チャートを凝視しながら、上か下かを考えているうちに、値動きのクセがわかってきたのです。

そして、なぜバイナリーオプションを始めてから損切りができるようになったのかといえば、バイナリーオプションの場合、一定の時間が経過すると、有無を言わさずにポジションを清算させられるしくみであり、それを続けているうちに「損切りを普通に行なう経験」を数限りなく積むことができたからだと思います。

私が取引していた10分後の相場を予測するバイナリーオプションの場合、10分という時間が経過すると、その時点で儲かっていたとしても損をしていたとしても、取引は終了になります。含み益、含み損を持ち越すということがないのです。その結果、バイナリーオプションから再びＦＸに復帰したときは、前回と違って、きっぱりと損切りできるようになっていました。

ちなみにバイナリーオプションは、１年くらい取引していました。最初の半年間は、ほとんど儲けることができなかったのですが、残りの半年で勝てるようになりました。一時は50万円の資金が20万円まで目減りしてしまったのですが、それを２００万円まで増やすことができたのです。

相場の流れに沿って躊躇なく損切りできればマーケットの流れと自分が一体になれる

◉1年で200万円を1億円以上に

そのままバイナリーオプションを続けて資金を増やすという選択肢をとらず、FXに復帰することにしたのは、アベノミクスによって相場の流れが大きく変わったからです。私はバイナリーオプションでユーロ／米ドルをメインに取引していたのですが、アベノミクス相場が盛り上がるようになってから、ユーロ／米ドルが動かなくなり、なかなか勝てなくなってしまいました。

ユーロ／米ドルの値動きが大人しくなった後、新たに注目したのが米ドル／円でした。米ドル／円は、トレンドが出ていないときはまったくボラティリティがなくなってしまうので、いくら取引しても儲かる気がしなくなります。ちょうど、アベノミクス前夜の、民主党政権時の相場が、まさにその動きでした。正直、まったく勝てる気がしない通貨ペアだったのです。

　しかし、いったんトレンドが出ると、米ドル／円は素直な値動きをします。ですから、初めてＦＸに取り組んでみようと考えている方で、タイミング良く米ドル／円のトレンドが出ているのであれば、そこから取り組んでみることをお勧めします（ただし、トレンドが出るまでの揉み合いの期間が他の通貨ペアに比べて長いので、頻繁に投資チャンスが訪れないというデメリットがありますが）。

　バイナリーオプションで２００万円に増やした資金を、ＦＸに復帰して半年で数千万円に増やし、さらにその半年後には、１億円以上に増やすことができました。この間にやっていたのはひたすらフルレバレッジのスキャルピングでのトレードです。

　当時は、「元々なかったものだし、失っても元に戻るだけ」だと、常にフルレバレッジでした。利益が膨らんで現金比率が高まると、レバレッジが下がってしまうので、使えるキャッシュポジションは全額、どんどん証拠金に積み増して投資をする、という方法で利

バイナリーオプションで「損切りしてリセット」することを学び、相場の流れと一体になる方法を身につけた

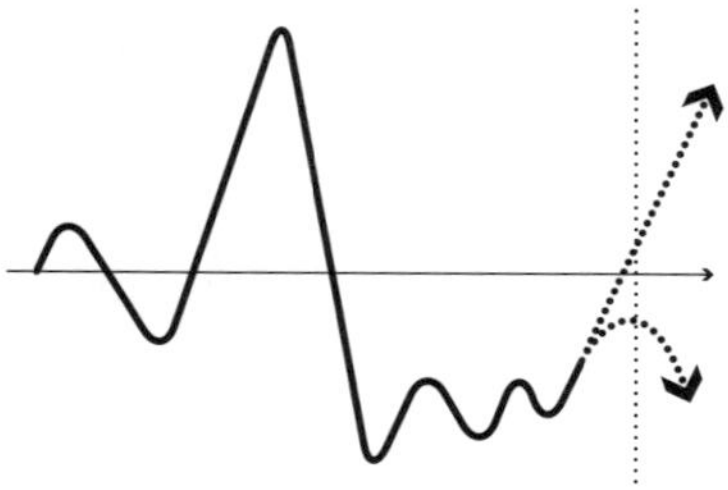

一定時間後に
いまより円安・円高どちらに
動くかを予測し、判定時刻に
淡々と決済されていくしくみの
バイナリーオプション

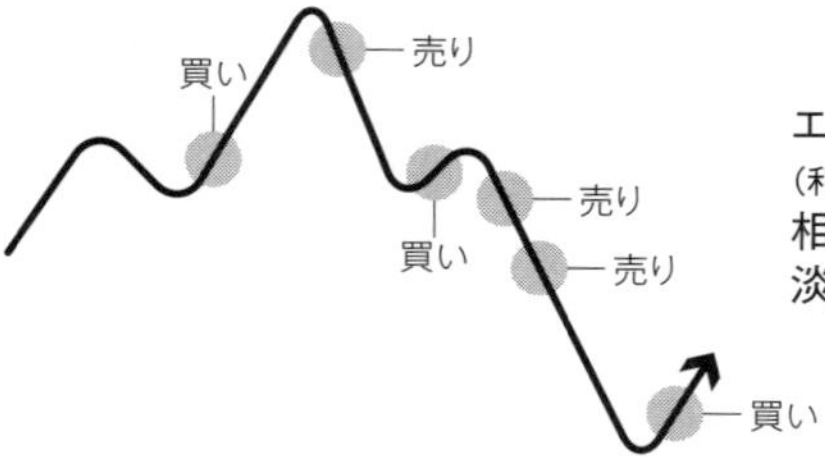

エントリーもエグジット
（利確、損切り）も、
相場の流れに沿って
淡々と行えるようになった

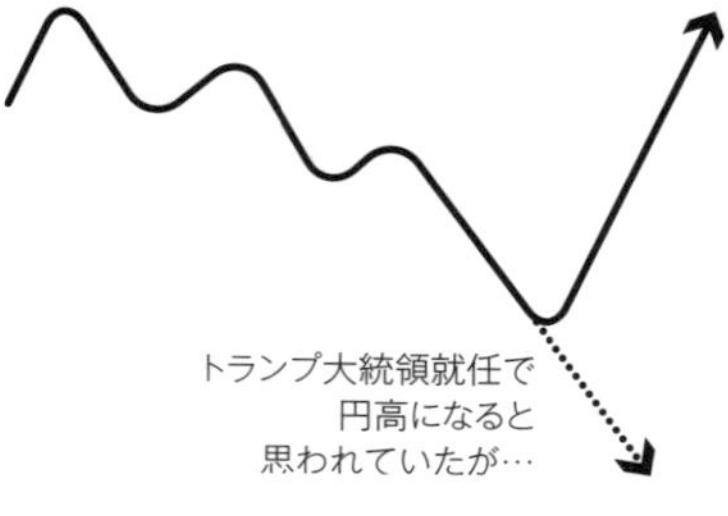

自分の相場観とは違和感がある
動きに対しても、淡々と流れに
乗れるようになった

益を大幅に伸ばしていったのです。

しかも、相場の細かい波のすべてを取りたいと思い、それが成功していましたから、ますますリスクジャンキーのようなトレードに傾いていきました。

「利が乗っているポジションは上乗せし、そうでないポジションはすぐに損切りする」というバイナリーオプションで場数を踏んだことが、良い結果につながったのだと思いますが、いま、振り返ってみると、よく危ないことをやっていたものだと思います。

◉「自分のイメージとの違和感」に注目

いまはもう、フルレバレッジでポジションを持つとか、1日中スキャルピングするということはなく、自分が思うときに適度なポジションを持つというトレードスタイルに変わりました。

エントリーするポイントもとくにルールを決めているわけではありませんが、強いていえば「自分のイメージと違う値動きをしたとき」です。マーケットに、違う参加者が入ってきたように感じるときがあるのです。これは、ずっと相場を見続けているからこそ感じる「違和感」なのだと思います。

たとえば、米国の次期大統領にトランプ氏が決まった後、円が急激に売られて、ドル高円安になりました。私はそのとき、市場参加者の円安許容度が上がったのだと感じましたが、相場の動きが、それまでの自分が想像できない、または、想像を超えた動きをしたようなときは、マーケット自体が大きく変わった可能性が高いと考えます。もし、動きが変わったと感じたら、とりあえずその方向に乗ってみることが大事です。

言葉を換えて言えば、「マーケットの息遣いを感じられるようになった」のだと思いますが、そうなるのに、特別な手法は、まったくありません。強いて言うならば、素早く損切りするだけです。損切りをするということは、自分で自分の相場観を断ち切るということです。それを躊躇なく、相場の流れに沿ってできるようになるということは、自分と相場の流れが一体になっているということだと思うのです。

他のポイントとしては、集中力を高めることでしょうか。少し漠然とした言い方になりますが、チャートの形が網膜に焼きつくほど、集中して値動きを見るような経験をすることが大事です。大きく儲かった過程を振り返ると、自分でも驚くほどの集中力を発揮していたと思います。

§5—4　注意しているポイントについて

Points to note

たとえ、10億円あった含み益が5億円に減ったとしても謙虚に負けトレードをリセットすることが大切

◉「自分はうまい」と思ったことは一度もない

一つ一つのトレードについて、きちんとリセットすることが、とくに負けているときは大事です。

私の場合、資産が1億円を超えるぐらいまでは、よく資産の増え方のグラフを見ていたのですが、それはきれいな二次曲線になっていました。要するに、驚くほどにどんどん増えていたわけです。しかし、それを見ても、自分がすごいとか、うまいと思ったことは一

度もありません。むしろ、うまくいきすぎている、どうしてなのだろうと考えてばかりいました。自分のことを客観的に見ていたのだと思います。

実際のトレードの記録を見ると、勝率が7割か8割ぐらいありましたが、自分のなかでは、いつも損切りをしている、自分は負けているという感覚が強くありました。いまにして思えば、そういう謙虚な感覚を持ち続けていたことが、損切りを徹底するという慎重な姿勢につながっていたのでしょう。

自分はうまいと思えなかったことは、「ナンピンしない」ことにもつながっています。私の場合は、絶対にナンピンしません。ナンピンをするほど、自分のポジションに自信をもっていないからです。

現在、十数億円のお金を元手にFXをしていますが、自分がなぜこれだけの資金を持てるまでになったのか、これからどうなるのか、自分でもほとんどわかっていないのが現実です。口座を開けば、いま、自分の資産がいくらになっているのかを見ることができるものの、どうにも実感が湧かないのです。こんなことを言うと、批判を受けるかもしれませんが、口座の金額はたんなる数字の羅列であって、実生活で使っているお金とは、まったくの別物であるように思えてくるのです。

たとえば、トレードに失敗して500万円の損失を被ったとしても、まあ、これは仕方がないとあきらめてしまうのですが、5万円が入った財布を落としたりすると、いつまでもショックを引きずったりするものです。これは本当に不思議な感覚なのですが、おそらく多くの億トレーダーに共通する感覚ではないかと思います。

2015年12月のドラギショックを覚えている人もいるでしょう。このとき、ECBの追加金融緩和策への期待が外れたこともあり、欧米の株式市場が急落し、外国為替市場ではユーロが買い戻され、対円で2円も一気に動きました。実はこのとき、私はユーロ/米ドルのポジションを200本持っていたのです。含み益は、円に換算すると10億円くらいだったでしょうか。この含み益の半額にあたる5億円が、一瞬で消えてしまったのです。

5億円の含み益がモニター画面から消えたのはショックではありましたが、そのときに思ったのは、そうはいっても、「もともと20万円から始まった話ではないか」ということです。損に損を重ねて20万円まで目減りしてしまった元本が、その後10倍、10倍、さらに10倍というように増えた結果、十数億円にまで膨らんだわけですが、仮にこの利益の大部分が吹き飛んだとしても、元の水準に戻るだけの話です。そう悲観することはないし、まだ十分にリカバリーが効くはずだと考えることができました。

もともと株式からトレードの世界に入って、FX、バイナリーオプション、そして再びFXというトレードのキャリアを積んできたわけですが、トレードを開始した当初の目標金額は、1億円だったのです。

1億円という金額は、フリーターだった私にとって、ものすごい大金です。それは実現できました。それに、2000万円、3000万円というように増えていた時点では、お金が増えていくうれしさがあったのですが、1億円という目標金額を超えて、さらに2桁の億円にまで達してしまうと、実感が湧かなくなってしまうのです。目標を達成したものの、そこから先の目標を定めることができず、なんとなく惰性でトレードしているうちに、ここまできてしまったことに対して、自分でも困惑してしまうところがあります。

◉いまの幸せはすべてFXのおかげ

外国為替市場がいくら大きな市場規模を持っているといっても、運用資金の額が大きくなると、かつてのようにフルレバレッジで、すべての資産を投入して売り買いをするのが、極めて困難になります。

したがって、いまはFXだけで運用するのではなく、他の資産クラスにも分けて運用しています。

まず、不動産を購入しました。といっても自宅なのですが。この超低金利ですから、預貯金にしておいても金利がつきません。金利がつかないところにお金を遊ばせておくらいなら、不動産に資金を回したほうがいいと考えて、自宅を購入しました。自宅なら、そのまま住むことができますし、不動産価格の上昇にも期待できます。

次は債券です。債券なら長期で保有できますし、元本割れのリスクも低いので、安心して余剰資金の運用ができます。

不動産にしても、債券にしても、ＦＸに比べれば大きくマイナスになるリスクが低いので、そのまま放置しておけます。いまは、ＦＸで大きく資産を増やすよりも、増やした資産を安全に、かつ効率的に運用するにはどうすればいいのか、ということを考えて、複数の資産クラスに資金を分散しているところです。

私にとってＦＸは、幸せの青い鳥のようなもの。普通以上の生活ができるようになったのはすべてＦＸのおかげなのです。

とくに、熱心にテクニカル分析やファンダメンタルズ分析の勉強をしたわけではありませんし、自分で何か特別な手法を考えてトレードしてきたわけでもありません。ただ、損切りだけを厳格に行ない、ここぞというときにはフルレバレッジでトレードをしてきただけです。そしていま、十数億円の資産を築くことになりましたが、これは結果論に過ぎず、たまたまうまくいっただけというのが、私の偽らざる気持ちです。

おそらく、これからＦＸのトレーダーを志す人もいらっしゃると思います。その人たちに対して、もしＦＸで億を目指すならば、ある程度の覚悟を決めて取り組む必要があることは、申し上げておきたいと思います。トレーダーとして生きていくという覚悟があれば、１回１回のトレードにも真剣に取り組むでしょう。

そして、最後の最後にもう一度申し上げますが、損切りは絶対に必要です。危ないと思ったら、すぐにポジションを切って、次のトレードに備えてリセットすること。そこさえしっかり守れば、トレードで成功できると思います。

Chapter 6

貿易会社経営の実務を活かして年間5000万円の利益を上げるスイングトレーダー

Gさん（兵庫県在住の兼業トレーダー）

Gさんは、国内からアジア諸国へ工作機械を輸出する
貿易会社を経営している40代の男性だ。
海外とビジネスを行なう企業にとって、為替変動は頭を悩ます要因のひとつ。
というのも、商取引はほぼ外貨で行なわれており、
海外で得た利益は決算時期などに合わせて、
外貨を売って円を買う取引（円転）をする必要がある。
しかし、円転のタイミングで円高が進んでいれば、
回収した代金は円建てで目減りすることになり、業績には悪影響を及ぼす。
その為替リスクを軽減させるため、多くの企業では、円安だと思われる時期に
「為替予約取引」を行なっている。
Gさんは、その為替予約取引を通して相場観を磨き、FX取引でも利益を積み上げている。

§6―1　自己紹介　Self Introduction

貿易会社の収益を安定させるための為替予約取引
自分のお小遣いを増やすためのＦＸトレード

◉本業の貿易に関連して為替相場に注目

私は会社を経営しながら、ＦＸのトレードをしている兼業投資家です。実は私の場合、会社の経営とＦＸはかなり密接な関係があります。というのも、経営しているのが貿易会社で、海外との貿易を行なう関係上、為替取引とは無縁ではないからです。

取扱いをしているのは工作機械で、おもに東南アジア諸国に輸出しています。

その際、輸出代金については、米ドルと円で入金されます。円で入金される分にはとくに問題もないのですが、米ドルで入金される分については、タイミングを見て円に替えなければなりません。日本で会社経営をしている以上、従業員に支払う給料は円ですし、国内仕入先への支払いも円になります。これらの支払いを米ドルで行なうわけにはいかないので、どこかで米ドルを売って、円を買う必要があるわけです。

こういう仕事を手がけている関係から、為替相場については昔から関心を持って見ていました。

海外との貿易取引によって生じる決済関係は、まず工作機械の輸出先（販売先）から米ドル建てのL／C（信用状）が送られてきます。このL／Cを日本の銀行に持ち込むと、銀行口座に米ドルが振り込まれます。そして、タイミングを見計らって、この米ドルを円に替えるのです。

ただ、ここで大きな問題が生じます。それは、米ドル建てのL／Cを受け取ってから、円に替えるまでのあいだに円高が進むと、為替差損が生じてしまうのです。

仮に、工作機械を輸出して10万ドルの米ドル建てL／Cを受け取ったとします。1台1000万円という価格を想定して10万ドルで売ったのに、そこから急激に円高が進んで1ドル＝100円になったら、1台の円建て価格は1000万円になってしまい、100万円の為替差損が生じます。

◉上手な為替予約のために相場観を磨く

輸出ビジネスを営む以上、為替相場が変動することによって生じるリスクは仕方がないことなのですが、そうしたリスクを小さくするため、私たち輸出業者は常に為替予約というしくみを用いています。

これは何かというと、近い将来、米ドルを円に替える際の為替レートを、事前に決めておく取引のことです。

たとえば、現在の為替レートが１ドル＝１１０円だとします。将来、輸出代金を米ドルで受け取って円に替えるときの為替レートがドル安・円高になりそうだという場合は、米ドルの売り予約を、現時点で銀行と取り交わしておきます。３か月後に米ドルを円に替えたいというのであれば、たとえば３か月後に１ドル＝１０９円50銭で米ドルを売り、円を買うという約束をするのです。

そうしておけば、仮に３か月後の為替レートが１ドル＝１００円になっていたとしても、あらかじめ「１ドル＝１０９円50銭でドルを売り、円を買う」という為替予約が行なわれているため、１ドル＝１０９円50銭で円に替えることができるのです。

このしくみを利用することによって、為替相場が変動することによって損失が生じるリスクをなくすことができますが、一方で差益が生じる可能性もなくしてしまいます。

たとえば、3か月後にかけてもう一段、ドル高・円安になったとしたら、私の負けです。もし、1ドル＝115円までドル高円安が進んでいたとしても、1ドル＝109円50銭で米ドルを売り、円を買うという為替予約を交わしているため、私は予約した為替レートで円に替えざるを得なくなります。

したがって、為替予約取引をうまく行なうためには、1か月後、3か月後、あるいは6か月後の為替レートを考えて有利な為替予約取引を行なうために、中長期的な視点で今後の為替レートを予測する能力が必要になります。

ちなみに私は、この為替予約取引を自分自身で行なっています。

FXはあくまでもプライベートなものであり、自分のお小遣いを増やすための手段です。これに対して、為替予約取引は自分の会社の収益が棄損するリスクをヘッジするために行なっているものですが、両者とも為替の相場観を必要とします。仕事と趣味の両方の立場で為替レートを見ているようなものです。

「株式投資は不公平」だと考えてＦＸに転向 スタイルは中長期のスイング派

◉株式投資には情報格差あり！

資産運用歴は長いのですが、最初からＦＸでスタートしたわけではありません。最初は株式投資からでした。

ただ、株式投資を続けているうちに、なんとなく、「株式投資は不公平なのかもしれない」と思い始めたのです。

何が不公平なのか。それは情報格差の問題です。いまでこそ、インターネットを通じて、株式関連でもFX関連でも、さまざまな投資情報がほぼリアルタイムで、われわれ普通の個人投資家にも入ってくるようになりました。その意味では、もう個人投資家とプロの機関投資家とのあいだの情報格差は、ほとんどなくなったように見えます。

ただし、それはあくまでも表向きの話です。これは自分でも確認を取ったわけではないのですが、株式投資の場合、どうも裏側では情報のモレがあるように思えます。実際、いままでもインサイダー取引が時々、問題になって、逮捕者が出ることもあります。ということは、どこかで特定の市場参加者だけが儲かるような情報が流れていて、実際に儲けている投資家がいるのです。そして、そうした情報が私たち一般の個人投資家のところまで下りてくることはありません。

そう考えたら、株式投資はそのようなインサイダーに近い情報を握っている特定の投資家だけが大きく儲かるしくみになっており、それはあまりにも不公平だと思うようになったのです。

そう思うようになった瞬間、株式投資に対する興味が失せていきました。それに、自分が株を買っていた会社が倒産して、株券がただの紙切れになるという経験もし、さすがに、もう株式投資はやりたくないという気持ちになってしまいました。そうしてFXに注目するようになったのです。

◉仕事に差し支えないスイングトレードがメイン

ＦＸの良いところは、情報格差が小さいところです。

たしかに、たとえば米国ＦＲＢ（米国の中央銀行組織）に勤めている職員で、金融政策の策定にかかわっている人なら、米国が次に利上げするのがいつなのかを把握しているでしょうから、その人が次の利上げを見越して米ドルを買ったり売ったりすれば、為替のインサイダー取引といえなくもありません。

しかし、そんな人は外国為替市場での取引に参加している人のうち、０・１％にも満たないでしょう。つまり、情報という点では、99・９９％の人が同じ条件下でトレードしているわけですから、非常に公平なマーケットといえます。

そんなこともあり、２０１５年6月にドル円が１２５円の高値をつけたのを見て、ドルが崩れる可能性を感じたあたりから、本格的にＦＸに取り組むようになりました。

ＦＸのトレード手法としては、いわゆるスイングトレードを行なっています。仕事中もパソコンの画面に為替レートの動向を表示させてありますが、他の社員の目がありますので、それを見ながら頻繁にトレードするようなことはなく、せいぜい、時々、為替レートの値動きをチェックする程度です。本業はあくまでも貿易の仕事ですから、ＦＸでトレードする際の時間軸は、仕事に差し支えることがないよう、比較的長めです。

先に申し上げたように、本業にからんで為替予約取引をしているのですが、この取引は半年後、１年後の為替相場がどうなるのかを考えて、いくらで予約するか、しないかを判断するものです。１分先、５分先の値動きを予測するなら、それこそテクニカル分析やプライスアクションのみで方向性を考えたほうがいいと思いますが、たとえば１年先の為替レートがどうなるのかを、そのように判断することはできません。やはり、ファンダメンタルズなども合わせて、いわゆる「相場観」をつくる必要があります。

私の場合、こうしてつくった相場観を、為替予約取引をするときだけでなく、ＦＸで取引の判断を下す際にも活用しています。

具体的には、数か月、数週間という時間軸で相場の方向性を予測したうえで、適宜、ポジションを持ってトレードするのです。ですから、パソコンの取引画面に張りついていなくても、続けていけるトレードスタイルになっています。

§6—3 具体的なトレード手法など Concrete trade method

トレードではメンタルを良い状態に保っていることが必要 そのために「勝ちグセ」をつけるようにしている

◉勝ちグセをつけて1年で5000万円の収益

月々のトレードの成績をチェックしてみると大体、毎月コンスタントに利益は出しています。大勝するわけではないのですが、できるだけ負けないトレードを心がけています。

一般論としていえば、大勝するトレードは大負けするトレードと背中合わせではないかと思います。たしかに大勝したときは面白いのでしょうが、その分、大負けしたときの失望感や絶望感も、ひどいものになります。それを繰り返すのは、精神的にも追い詰められます。だから、自分の場合は、大勝することはないけれども、大負けすることもないという成績で、淡々と利益を積み重ねていくほうが、最終的には長続きすると思っています。

そういうトレードを続けてきて、この1年で得られた利益は5000万円程度になっています。

勝つために大事なことは、勝ちグセをつけることです。本当に不思議なのですが、一度、損切りをして負けを喫すると、その後も負けが続くことになります。負けグセがついてしまうのです。これはメンタルな要因だと思いますが、とにかく勝ちグセをつけることが大切です。

私の場合、この1年は、月間の実績でほとんど負けることなく、毎月、利益を計上し続けています。調子が悪ければもちろん負けるトレードもあります。そこで大事なことは、負けが続いたときには、何が何でも勝ちにいくということです。

勝ちといっても、別に大勝する必要はありません。少しでも利益が出たら、そこで利食いをすることを積み重ねるのです。「無理やりにでも勝つ」ということによって、勝ちグセをつけるのです。そうすると不思議なことに、再び勝てるようになるものなのです。

◉「自分の気持ち」に従って利食い

次に大切なのは、欲張らないことです。「鯛の頭と尻尾はくれてやれ」という相場格言があるように、欲張りすぎてはいけません。

ＦＸでは、相場心理が為替レートに強く影響します。株式であれば、株価を決定する要因のベースに、企業業績というファンダメンタルズがあり、そこから大きくかい離した株価形成はどこかで修正されますので、よほどのことがない限り、株価がファンダメンタルズを無視して大きく上昇あるいは下落し続けるようなケースはありません。一方、為替レートは、その決定要因に確たるファンダメンタルズが存在していないので、マーケットに参加している人たちの相場心理によって、上昇あるいは下落します。

順調にドル高が続いていても、あるときから急にドル売り心理がマーケット全体に広がり、一気にドルが急落するケースもあります。そうなったら、含み益はあっという間に消し飛び、含み損に転じたり、下手をすれば強制ロスカットとなったりするケースもあります。そんな相場を相手にするのですから、「鯛の頭と尻尾はくれてやれ」と考えることが大事です。利益が出ても欲張らず、ほどほどのところで利食いをするように心がけるぐらいがちょうどいいのです。まさに「利食い千人力」です。

私の場合、利食いをする際のポイントは、とくに決めているわけではありません。自分なりに、「ああ、そろそろ利食いをしようか」と思ったときに利食いします。

それではよくわからないでしょうから、そのときが、どういうタイミングなのかを改めて検証してみたのですが、どうも「利益が大台に乗ったとき」が一つの目安になっているようです。正直、自分でもあまり意識したことがないので、気付いていなかったのですが、過去のトレードを調べてみると、どうもそういうことのようです。

多くの上手なトレーダーの方はトレンドの転換点になるポイントを探して、そこで利食いをしようとするのでしょうし、トレードとしてはそれが理想だと思います。

しかし、私はいまのやり方で問題ないと思っています。

たとえば、含み益が160万円とか170万円程度だったものが、為替レートが跳ねて200万円に達したら、利食いすると思います。もう少し持ち続ければ、200万円の利益が210万円、220万円に増えることもあるでしょう。しかし、相場の先行きは誰にもわかりません。逆に、150万円、100万円と、利益が減ってしまうこともあるでしょう。利益は、あるうちが華です。だから、ポンと為替レートが跳ね上がって、利益が大台に乗ったときには、「ああ、神様がもういい加減にしておけ。欲張るな」と言っているのだと考えて、静かにポジションを閉じるようにしているのです。

勝ちぐせをつけることがメンタル要因として大切だというのと同様に、利益が大台に乗ったところでスッキリと利食いするというのも、私にとってはメンタル要因として大切なのかもしれません。

◉最低額であってもポジションは常に持つ

利食いの仕方は大台に乗ってスッキリしたときとメンタル重視なのですが、エントリーするときも、「自分の気持ちに素直に従う」という基準で注文を出します。

世間では「ポジポジ病」などと言われてしまうのかもしれませんが、私の場合、ポジションを持たない状態がしばらく続くと、どうも居ても立ってもいられないというか、寂しい気持ちになって、エントリーしてしまうのです。

ただ、常にポジションを持っていたいことに対して、自分なりの理由はあります。それは、本当に少額でもかまわないので、なんらかのポジションを持っていたほうが、自分自身のマーケットに対する感覚が鈍らないような気がするからです。ポジションをまったく持たないでいると、何がどうなったとしても、自分個人の財布の中身に影響も出ないので、相場に対する感覚が鈍るように思うのです。

もちろん、私の場合は本業の貿易にからんで為替相場を気にしていますから、常に経済ニュースにも関心を持ってはいるのですが、それでも自分個人の財布の中身がマーケットに直結しているのとしていないのとでは、気構えのようなものが違ってきます。

これは人づてに聞いた話ですが、金融機関などでトレードをしているプロの為替ディーラーのなかにも、最低額のポジションを常に持つようにしている人がいるそうです。その人曰く、「ポジションを持たずにいると、マーケットに対する感覚が鈍るから」ということだそうなので、私と同じ感覚だと思います。

もちろん、最低限の金額とはいっても、損はしたくありません。どれだけ少額だろうとも、ここで簡単に負けてしまうと、その後の取引にも負けグセがつくおそれがあります。ですから、どれだけ小さなポジションであったとしても、勝てるようなエントリーをし、淡々と利食いをするように心がけています。

そのためには、「長いトレンドに逆らわないようなポジションを持つ」ことが大事だと考えています。

たとえば今後、長期的には円高トレンドが続くだろうと考えているとして、いまの米ドル／円の水準が、まだ円安水準にあれば、迷わず米ドルの売りでエントリーします。長いトレンドに逆らわなければ、一時的にアゲインストになったとしても、再び戻ってきてくれます。だから、エントリーに際してまず大事なのは、大きなトレンドに逆らわないことです。

ただし、自分がポジションを持ちたいと思ったとき、長期的に円高トレンドだと予測しても、短期的に円安方向に振れると考えられるケースもあります。そういう場面では、長期的なトレンドにこだわらず、米ドルを買うこともあります。そこは柔軟に対応しますが、大きな流れが円高なのにドルを買う（円を売る）ということは、当然のことながらリスクは高くなりますから、大きなトレンドに逆らったポジションを持つときは、早めに利食い（あるいは損切り）をするように心がけています。

◉中長期のポジションでは損切りをしない

それでは、大きなトレンドに沿ってポジションを持ったのに、アゲインストになって含み損が生じたときにどう対応するのか？

おそらく、FXをやっている大半のトレーダーにとっては、素早く損切りをして、次のチャンスに備えるというのが模範解答だと思います。とくに、レバレッジを高めてポジションを持っていると、場合によっては強制ロスカットされてしまうケースもありますから、自分で水準を決め、素早くロスカットするのは賢明な投資行動だと思います。

私も当然、損切りをすることはあります。ただし、それは日々の小さな値動きを取りにいって、自分の思惑とは逆に振らされた場合に限ります。私の場合、中長期で大きなトレンドを取りにいくスタイルがメインになるわけですが、そうしたポジションに含み損が生じた場合は、我慢します。

大きなトレンドを狙ったときは、自分の信念を決して曲げません。たとえば、中長期的に円高だと考えてドルを売っている最中に、意に反してドル高が進んだ場合、含み損が３００万円、４００万円と増えていってもあきらめません。

大きなトレンドを見るにあたって、自分の見通しは外れないという自信があることが一つの理由ですが、もう一つ、過去の為替レートの値動きをずっと追っていくと、米ドル／円もそうですが、「長期的に見ればレンジ相場が続いている」ということがあります。時折、１ドル＝１４７円台とか、逆に75円台とか、極端な方向に突っ込むことはありますが、それこそ過去20年、30年の米ドル／円の値動きを見ると、１ドル＝１００円、１２０円近辺に収斂していく傾向が見られます。したがって、大きなトレンドに沿ったトレードをしていれば、いつか必ず含み益に変わるものだと信じているのです。

そして過去、実際にそのようになってきました。

２０１６年に日銀がマイナス金利政策を導入したとき、米ドル／円は一時的に大きく円安に振れました。それが発表される前、私が持っていたポジションには１３００万円くらいの含み益が生じていたのですが、日銀のマイナス金利政策が発表された後、一気に円安が進む過程で含み益は目減りし、ついには完全になくなってしまいました。

このときはさすがに精神的にもしんどい状況に追い込まれました。あれだけ、自分自身では利食いはほどほどにということを徹底していたのに、自ら大失敗してしまったのですから。本当に後悔しきりでした。

しかしその一方で、自分の中長期的な相場観を信じていましたから、そのポジションは投げずに持っていました。結論を言えば、しばらくポジションを持ち続けた結果、含み益は元に戻ったのです。

よほどおかしなレートでエントリーしてしまったようなときには、なかなか戻ってこないこともあります。しかし、逆の言い方をすれば、よほどおかしなレートでエントリーしない限り、多少、見通しとは逆の方向に相場が動いたとしても、時間が経過すれば戻ってくるということです。

「信念を曲げない」ほどの相場観の裏付けは米10年国債の利回りによる相場予測にあり

◉日米の10年国債の利回りの差に注目

では、「信念を曲げない」ほどの相場観をどのようにしてつくっているのでしょうか。私はあくまでも実業の世界にいる人間ですし、マーケットの見通しについては、エコノミストやアナリストと称されている、いわゆるプロの方が大勢いらっしゃるので、ノウハウを偉そうに語れるほどのものではありません。

それを前提に、あえて申し上げるとしたら、いちばんよくチェックしているのは、米国

米国の10年国債の利回りをチェックし、日本の10年国債の利回りと比較することにより、中長期的な相場観をつくる

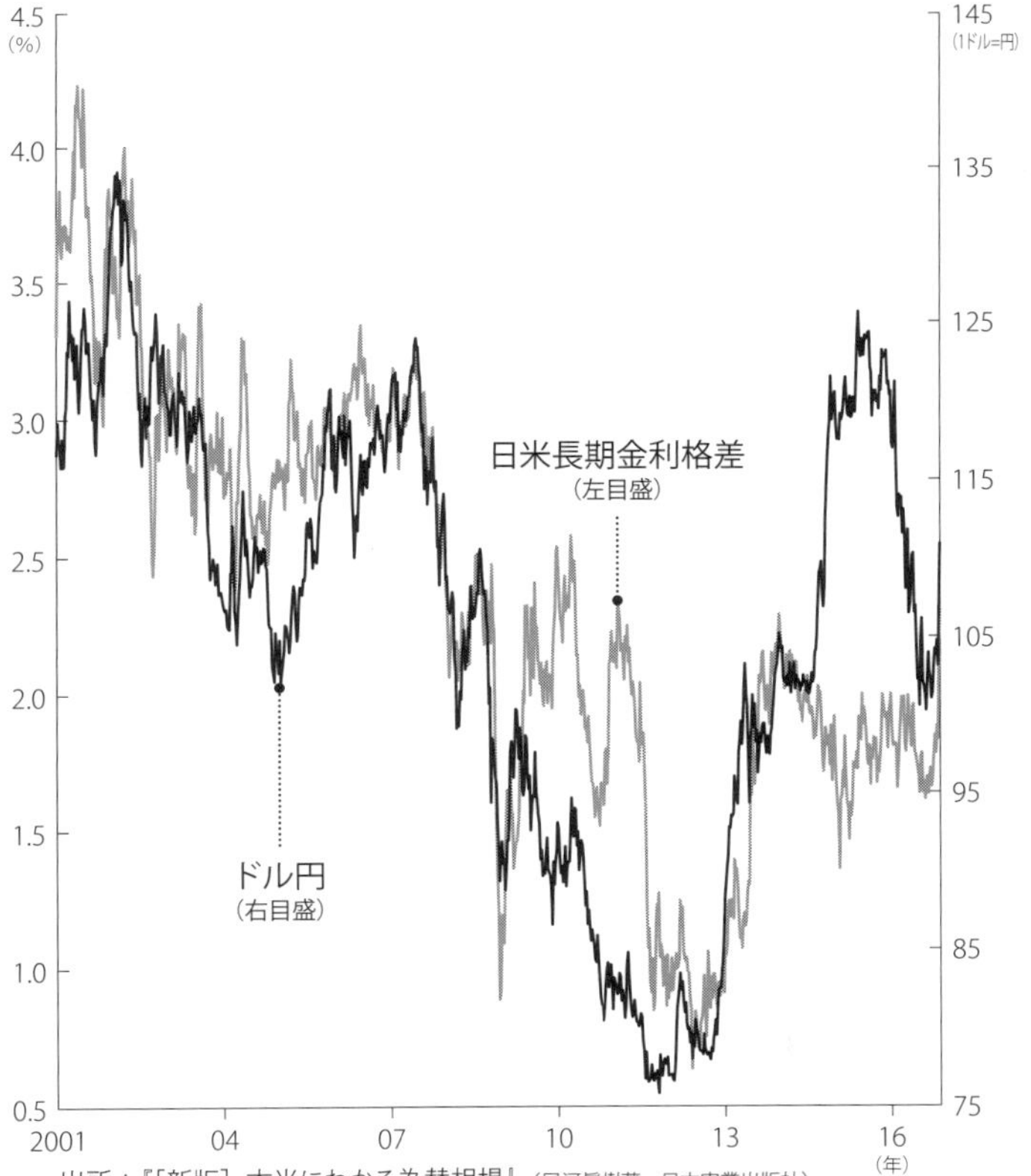

出所：『「新版」本当にわかる為替相場』（尾河眞樹著、日本実業出版社）

の10年国債利回りです。そして、これと日本の10年国債利回りとの金利差を把握します。米国10年国債利回りと日本の10年国債利回りの金利差が広がったとき、あるいはこれから広がると予測されるときは、米ドル買い・円売りの傾向（ドル高）が強まりますし、逆に金利差が縮小しているときは、米ドル売り・円買いの傾向（円高）が強まると考えています。

また、米国の株価も注意して見ています。といっても、個別銘柄に投資するわけではないので、見るのは米国の株価インデックスです。株価インデックスといっても、S&P500やNASDAQなどさまざまなものがありますが、私が見ているのはNYダウ30種平均です。

目下、米国の株価は上昇トレンドが長く続いていますが、これがどこで崩れるのかということには注目しています。米国の株価が急落したときは、やはり米ドルが売られますから、円高が進むはずです。米国の株価が急落するということは、米国の経済そのものがピークアウトしたことも意味するので、米国では利下げのムード、もしくは現在の利上げをいったん、見送るという動きになると思います。それは、先ほどの米国10年国債利回りと、日本の10年国債利回りの金利差が縮小することを意味しますから、その観点からも円高が進む可能性が高いことになります。

◉2020年までに大円高局面あり⁉

現時点での私自身の見込みを言うならば、おそらく2020年までには大きく円高に向かう場面があるのではないかと考えています。

ただし、超長期的には円高だと思っていても、たとえば、ブレグジット（英国のEU離脱）を問う国民投票のときや、米国の大統領選挙のときのように、短期的に円高が行き過ぎたような局面になれば、円売り（ドル買い）もしっかりやるつもりです。

もちろん、途中で想定外の方向に相場が動くようなことがあれば、その都度、前提条件を再確認し、必要であれば軌道修正を柔軟に行なうことも大事です。しかし、まずは1年先、2年先に、いまよりも円安になるのか、それとも円高になるのかをしっかり分析して、自分なりの信念を持ってマーケットに対峙することが大事だと思っています。

そして、その信念に基づいて取ったポジションに間違がないと思うのであれば、含み損が生じても動じないこともまた、大切だと思います。もちろん、自らが動じなくとも、含み損が拡大して強制ロスカットされてしまうようであれば元も子もありませんから、そのような事態が生じないよう、過大なレバレッジはかけないようにするのが大切です。

Chapter 7

生活に必要なお金を稼ぐ
主婦感覚でトレード
絶対に損切りしない手法で
毎月300万円儲ける

Mさん（広島県在住の主婦トレーダー）

37年ぶりのセ・リーグ連覇で沸き立つ地、広島県在住の主婦トレーダーMさんは、
もちろんカープ女子。
職場に「くす玉」をつくって優勝を待ち望んでいたという。
仕事だけでなく、家事や子育てもこなしながら、
限られた時間でエネルギッシュにトレードしている40代前半の女性だ。
家を建てる資金の一部もFXで稼いでしまったという。
とはいえ、これまで順調に儲け続けてきたわけではない。
FX歴十数年。山も谷も乗り越えて、いまは月に300万円の利益を出している、
そのトレード手法を語ってもらった。

§7—1 自己紹介 Self Introduction

コストが高い投資信託をやめてＦＸに注力 20年近くにわたりうまく儲けを上げることができている

◉数ある投資商品のなかからいまはＦＸに注力

最近、ある経済評論家の方とお話しする機会がありました。彼は「ＦＸなんてやるもんじゃない」と言うのです。大損して泣きを見るのが関の山だと。そのとき私はこう言いました。「私はかれこれ20年近くＦＸを続けてきましたし、いまは毎月３００万円儲けていますよ」と。

私がＦＸを始めたのが２０００年頃で、当時はまだＦＸ自体がそれほど広まっていない

1 Chapter 7
5 生活に必要なお金を稼ぐ主婦感覚でトレード
9 絶対に損切りしない手法で毎月300万円儲ける

時代です。以前は外貨に投資する場合、外貨預金か外貨建て債券くらいしか選択肢がなかったのですが、１９９８年に外為法が改正されて、一部の商品先物会社を中心にして「外国為替証拠金取引（ＦＸ）」を扱うところが出てきたと記憶しています。

そんなことで、ＦＸはずいぶん長く続けているのですが、私の投資歴そのものはＦＸからスタートしたのではなく、それ以前は株式に投資していました。社会人になったのが１９９３年ですから、すでに株価としてはバブルが崩壊していたのですが、世の中的には何となく、まだバブル経済の香りが残っていたというか、そういう時代です。

そこからバブル崩壊が本格化して、金融不安が徐々に高まっていきました。いま思えばすごい時代で、絶対に潰れないといわれていた金融機関、それも大手の金融機関が次々に倒産していきました。覚えているものだけでも、三洋証券、山一証券、北海道拓殖銀行、日本長期信用銀行、日本債券信用銀行などがありました。銀行がこれだけ倒産する時代になれば、もはや以前のように銀行預金を信用することはできない。そんな気持ちもあって、投資を始めたのです。

株式投資は日本株だけでなく、中国株にも手を広げました。また、投資信託も買いましたが、投資信託はコストが高すぎてダメでした。投資信託を購入する際には「購入手数料」がかかり、保有期間中は「信託報酬」が自動的に差し引かれていくのです。購入手数料はファンドによって異なりますが、それでも購入金額に対して2～3％は取られますし、信託報酬は年率で2％程度もあります。FXの売買手数料やスプレッドと比較しても、圧倒的に投資信託のコスト負担は重いのです。

ですから、いまは日経平均株価やTOPIX（東証株価指数）といった日本株の株価インデックスが値下がりしたときに利益が得られる「ベア型投資信託」というものを少しだけ持っていますが、他はすべてやめてFXに注力しています。

投資でお金を増やしたいというよりも、自分がしたい、子供にしてあげたいことをするためのお金をFXでつくる

◉さまざまなリスクに備えておきたい

本当に、いまの日本の銀行は預金封鎖しているようなものだと思っています。銀行からいっさい預金を引き出せなくなる本物の預金封鎖ではありませんが、ATMから現金を引き出そうとしても、1日あたりの引き出し限度額が50万円に決められています。

たとえば1000万円を引き出そうとしても、ATMでは対応してくれません。仕方がないから窓口に行って、対応してくれる行員から、「今回はなぜ、それだけの大きなお金

を引き出されるのですか？」などと嫌味を言われながら、引き出した現金を受け取るという、面倒な手続きを踏まなければなりません。自分のお金なのにATMで現金の引き出し額に制限がかかっているのは、預金封鎖に近い状態だと思うのです。

ですから、自宅には常に数か月は生活できるだけの現金を、1000円札と硬貨で置いてありますし、金（GOLD）やプラチナなども持っています。ほかに畑を一反買い、そこで白菜やキャベツをつくって自給自足できるようにしていますし、自宅の地下には、トイレットペーパー3年分、ティッシュペーパー3年分、石鹸3年分、お米1年分、その他、缶詰やカセットコンロ、ビニール袋を備蓄しています。また、スーツケースのなかに2泊3日分の家族の下着類や、ユーロ、ドルなどの現金、パスポートを入れてあります。これは、日本で何か起こったとき、家族全員ですぐに日本を脱出するなどして生き残ることができるようにするための備えです。

東日本大震災と、津波による福島第一原子力発電所の事故を見たとき、同じような事故が再び起きたら、日本を脱出することも考えなければ、という想いを強くしました。なぜなら、私がいま住んでいる中国地方にも原子力発電所があるからです。

結局、なぜ私がFXでお金を増やそうと思ったのかというと、私たちの生活を取り巻く、さまざまなリスクに対応するためです。

リスクといえば、インフレになるのではないかとも考えています。いま、日本銀行は自らのバランスシートで、国の借金である国債をどんどん買っています。もし、国債の信用力が失墜したら、それを大量に買っている日本銀行の信用力が失われ、円の価値が暴落する恐れがあります。それに備えるためには、やはり外貨に投資するのがいちばんですし、だからＦＸでさまざまな通貨に投資しているのです。

◉自分がしたいことをするお金をＦＸで稼ぐ

それとともに、自分がしたい生活をする、あるいは子供にしてあげたいことをするためには、お金が必要になりますから、そのためのお金をつくるというのも、ＦＸの目的のひとつです。

実際、家を買うときも、ＦＸで得た利益から２０００万円ほどを出していますし、子供の教育にかかるお金も、ＦＸで賄っています。ただし、贅沢をしたいわけではありません。洋服なども、値段の高いブランドものにはまったく興味がなく、それこそユニクロで十分だと思っています。

そのかわり、子供の教育や、子供が自らやりたいと言い出したことには、気持ち良くお金を出してあげたいと思います。「あのとき、自分はやりたいと言ったのに、親がお金を出してくれなかったからできなかった」などと言われたくないというのは、子供を持つ親なら誰でも思うことではないでしょうか。

それに、先ほどティッシュペーパーや食べ物を備蓄しているという話をしましたが、それらを備蓄するためのお金も、すべてFXで稼いだものです。

よく億トレーダーの方で、「今日は1000万円損をした、翌日には1500万円を取り返した」などというお話をされる方がいらっしゃいますが、私はFXでそういう激しいトレードをするつもりはありません。今後5～6年もしたら、いまの仕事を辞めて、夫の給料と畑で育てた野菜を活かした自給自足の生活をしていこうと考えています。

いまのように正規で働きながら大きなポジションを持ってトレードをするのは、体力的にしんどい面があります。その点、子供たちが学校を卒業したら、いまは月間20万円もかかっている学費もいらなくなります。そうしたら、たとえばパートで月10万円、さらにFXで月10万円も稼げれば、それで十分だと考えています。

移動平均線の角度に注目してエントリーする方法と「あまり欲張らない指値」を使う方法を使い分ける

◉素直にトレンドに乗る

以前はパソコンでトレードしていたのですが、２０１６年12月からスマートフォンでもトレードするようになりました。

実はその結果、格段に収益が増えるようになりました。

スマホを持つようになるまで、外出中にはガラケーでトレードしていたのですが、ガラケーだとレートの値動きが非常に見にくいため、収益を得るチャンスを逃しがちだったのです。自分の日常生活は、自宅よりも外にいる時間のほうがはるかに長いので、パソコンの前にじっくり腰を落ち着けてトレードする時間が短く、逆に外出先でトレードをする時間帯が長かったりするのですが、そんな自分にスマホは非常に有益なツールでした。ガラケーからスマホに切り替えたことによって、どこにいてもパソコンとほとんど変わらない環境でトレードできるようになったからです。最近では、パソコンすら開かずに、もっぱらスマホでトレードしているくらいです。

実際にトレードをする際、何を判断材料にするのかという点については、私の場合、とても単純です。チャートはおもに5分足を用いており、その移動平均線のゴールデンクロス、デッドクロスを見て、素直に

外出先でのトレードが多い人にはスマホの取引ツールは非常に有用

5分足の移動平均線と一目均衡表を見て、素直にトレンド方向のポジションを取る

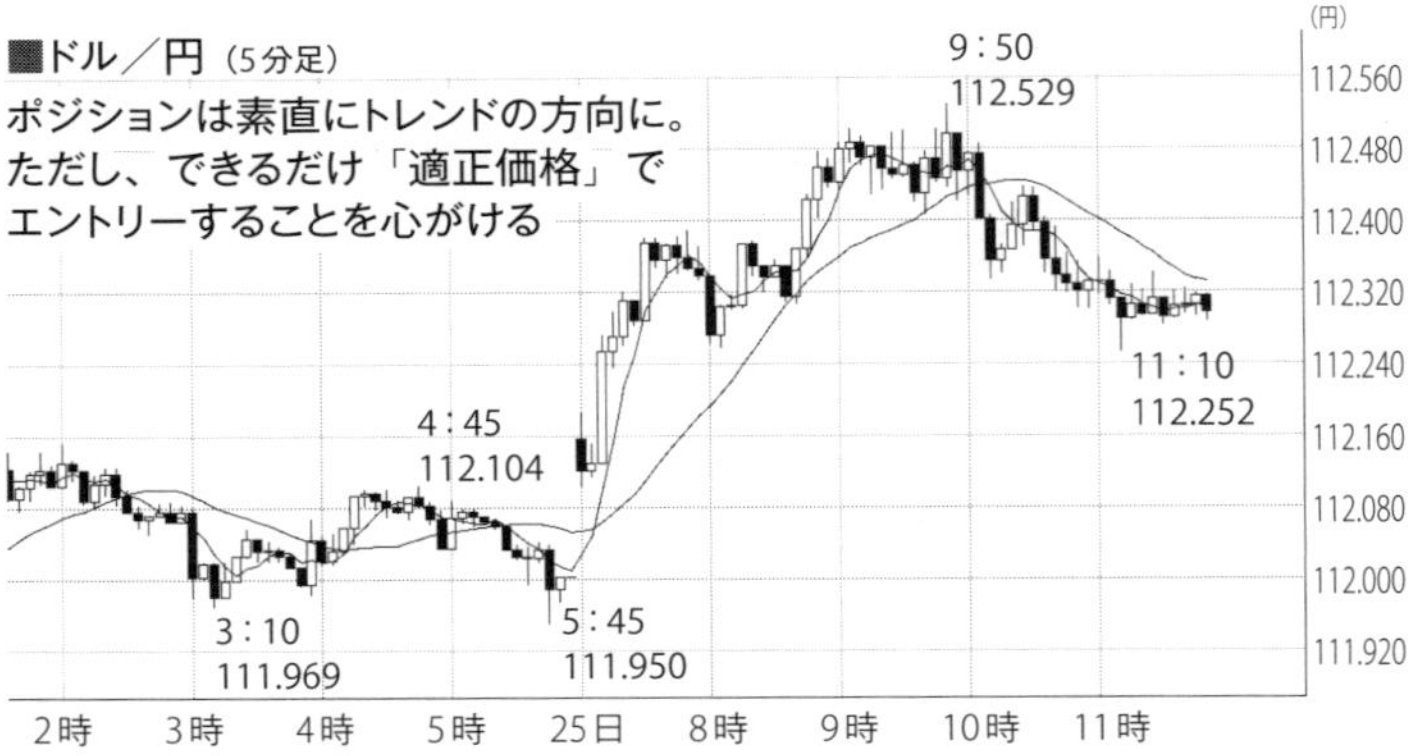

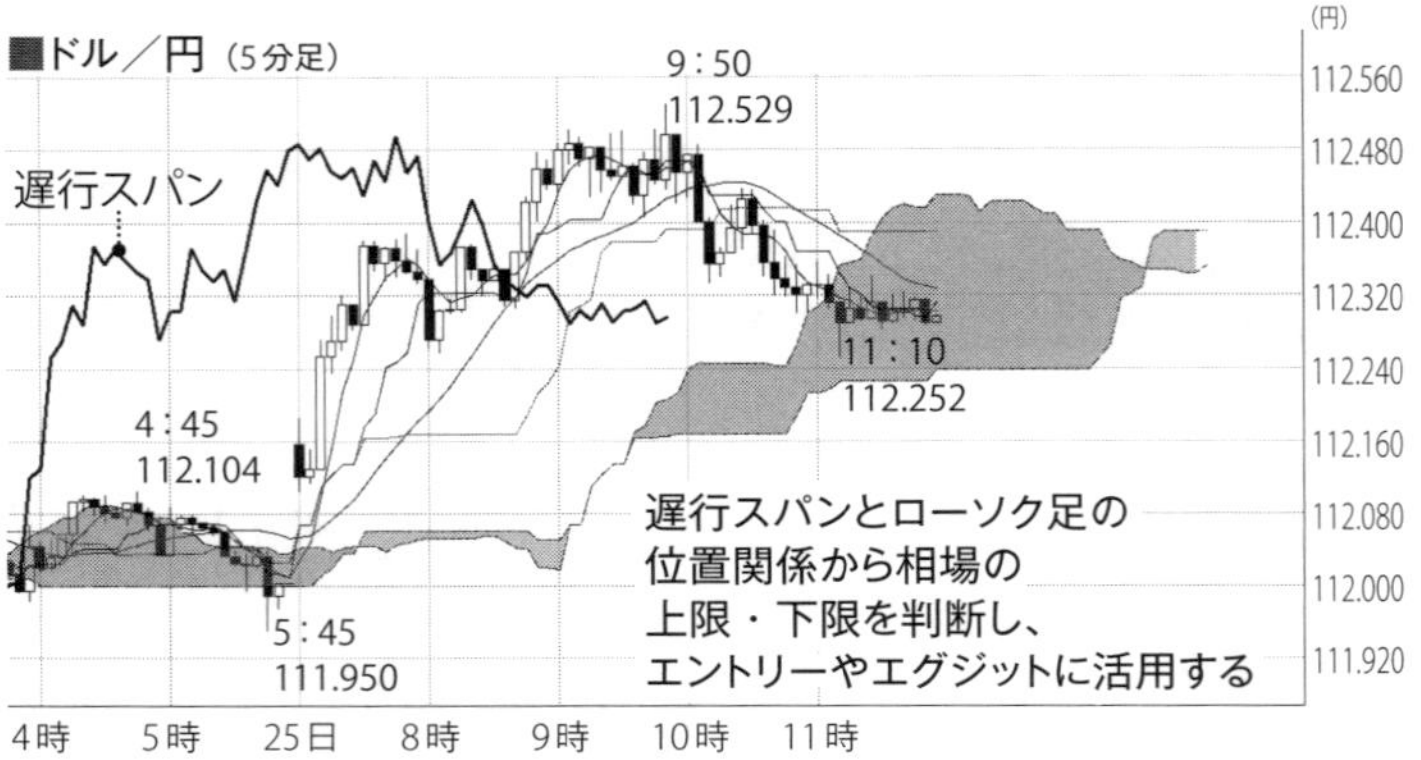

トレンドに乗る方向にエントリーする方法をとっています。

その際、少し独自の見方かなと思うのは、ゴールデンクロスにしてもデッドクロスにしても、移動平均線がクロスする「角度」を重視していることです。どういうことかというと、深い角度で勢いよく交差するときは、値動きの幅が大きくなることが多いので、決済するのも小さい値幅ではなく、できるだけ大きな値幅を狙うようにします。また、角度が浅いときには、ダマシを疑うようにもしています。

◉遅行スパンで適正価格を判断

ただ、1日中値動きを見ていられるわけではないので、チャートを見ながら自分がチャンスだと思う瞬間にエントリーできることはあまりありません。ですから、自分がエントリーしたいと思うようなレートに指値を入れる方法も活用しています。

たとえば日足チャートで見て、中期移動平均線（FXプライムbyGMOの場合は、デフォルトで20日）を、短期移動平均線（5日）が上から下に抜けているときに、レートが移動平均線から大きくかい離していたら、いったんは戻す可能性を考えて、中期移動平均線あたりに売り指値を入れておきます。

この方法のポイントは、１００％ではなく、80％くらい戻ったところでエントリーすることです。多くの人が「ここまで戻るだろう」と思ったところまでは、なかなか戻らないものです。「頭と尻尾はくれてやれ」という相場格言がありますが、まさにそのとおりです。決済する場合も同じで、取れそうな値幅の80％の利益が得られたら十分だと思うようにしています。

エントリーする際のタイミングは、たとえば買い物をする際に、１００円の商品が70円で買えたら非常にラッキーと思うのと同様に考えています。そのために、チャートの流れを見ながら、このぐらいなら適正価格、ここまで安くなれば買うというような水準を自分なりに設定して、エントリーするかどうかを判断しています。

この適正価格を判断する際の基準として用いているのが、一目均衡表に用いられている遅行スパンです。遅行スパンというのは現在のレートを26日前にずらしたラインで、このラインがローソク足とクロスするポイントに注目する考え方です。私はこれをサポート＆レジスタンスとして使うことによって、相場の上限、下限がどこにあるのかを探り、現在の価格と比較します。現在のレートから上限までが離れていて、かつ上昇のカーブが急であれば、この後、大きく上昇する可能性が高いと判断して買いに入ります。

とはいえ、できるだけ大きな値幅といっても、前述したように利確するまでは「取らぬ狸の皮算用」ですから、ホールドの時間はあまり長くしません。ある程度のところで利確します。そういう意味では、私のトレードスタイルは、小さい値幅をコツコツ積み上げていき、最終的にある程度大きな利益につなげていくというものです。

「欲張らない」「損切りをしない」「ナンピンをしない」「無理なポジション量にしない」

◉損失の経験を経て「欲張らない」ことを学ぶ

夫は、「投資なんてとんでもない」というような家庭で育ってきたため、私がＦＸで稼いでいることについて、最初はとても懐疑的でした。だから、ＦＸを始めたときは、夫には内緒にしていたのです。

ところが、これは誰でも経験することだと思うのですが、大きな損失を出してしまいました。額にして１０００万円。さすがに黙っておくことができず、正直に言いました。

普通なら、そこで「もう二度とＦＸはしない」と誓い、やめてしまうところなのでしょうが、私は、そこでやめたら本当に何も残せずに終わると思ったのです。ここから何としてでも這い上がらなければという意欲が湧きました。さらに言えば、ＦＸの負けはＦＸで取り戻そうと考えました。

１０００万円の損失を被ったのは、２００８年のリーマンショックのときです。リーマンショック前のドル円は、１ドル＝１１０円前後でしたが、それが同年末には１ドル＝87円程度まで下落したのです。このときは、下がったところでどんどんドルを買い足していったのです。ある程度、下がったら止まると思っていたからです。

しかし、実際にはドルの底が抜けたと思えるほど下がっていきました。それによって１０００万円の損切りを経験しました。

実はその後、もっとひどい損失を被ったこともあります。アベノミクスによってドルが急騰したときのことです。このときの損失額は２０００万円を超えました。アベノミクスによって、１ドル＝70円台から１２０円台までドル高が進んだわけですが、まさかそこまでドルが買われるとは、思いもよりませんでした。それで、１ドル＝１００円になったところで、「いくら何でも、これ以上、ドルが買われることはない」と思い、ドルを売ったのです。しかも、ドルだけでなくユーロや英ポンドも売りました。アベノミクスをきっかけにして進んだ円安は、ドルだけでなくユーロや英ポンドといった主要通貨に対しても同時に進んだため、被害が大きくなったのです。

こうして、過去に二度ほど1000万円を超える損失を被る経験をしました。こうした経験を経て、私は、「欲張らない」ということを言い聞かせるようになりました。

欲を出してトレードをしたときに、いい結果が出た試しは一度もありませんでした。1000万円、2000万円という大きな損失を出した最大の要因は、欲張ったことでした。だから、大きな利益を狙うのではなく、小さな利益を淡々と積み重ねていくのが、いまの私のトレード手法です。

◉利益があるうちに確定することが大事

ポジションもせいぜい5万通貨程度です。そして、1回のトレードで5000円も稼げれば、それで十分だと考えています。それこそ1000円、2000円程度の利益幅で手仕舞うこともあります。とくに、二度目の大きな損失を被ってからは、細かく利益を確定する傾向が強まりました。たとえ1000円の利益でも、損をするのに比べればはるかにマシですし、1000円の利益で物足りないのであれば、それを細かく積み重ねて、より大きな利益にすればいいと考えています。

よく「お宝ポジション」と言われるものがあります。たとえば、いまのドル円が1ドル＝110円だとすると、1ドル＝99円で買って相当の含み益が生じているような状態のポジションを指しています。しかし、私はこれをお宝ポジションではなく、「取らぬ狸の皮算用ポジション」だと思っています。

利益確定していないポジションは、お宝でも何でもありません。私はこれまでのトレードの経験で、1ドル＝110円だったものが、あっという間に90円、85円というように暴落してしまうことがあるとわかっています。だから私は、利益があるうちに、できるだけ早く利益確定するように心掛けているのです。

1000円でも2000円でも、利益は利益。利益を確定してから、新たなポジションを取ったほうが心に余裕ができるので、結果的にその後のトレードに、良い影響が及ぶのです。

また、たとえばクルマの運転をしているなどで自分が相場を見ることができないときには、できるだけポジションを閉じるようにしています。あるいは、何かの理由でポジションを閉じることができないまま、しばらく相場を見ることができないときには、利益確定の指値を入れるようにしています。

◉損切りはいっさいしない

さて、ここからがおそらく他の方と大きく異なる、いまの私の独自の投資法なのですが、実は損切りをまったくしないのです。したがって、損切りの逆指値を入れることもありません。含み損になったポジションは、何年であろうと利益になるのを待ちます。

「損小利大」という言葉があります。損失はできるだけ小さく、利益はできるだけ大きく伸ばすのが、上手なトレードだということですが、私の場合、言ってみれば「損無利小」という感じです。利益は細かく確定させていくのですが、損失はいっさい確定させません。確定させない限り、いくら含み損があったとしても、それが実現損になることはありません。まさに「損無」なのです。

なぜ損切りしないのか。それで大丈夫なのか。これは非常によく聞かれます。

しかし、私がＦＸを始めて十数年、いまにして思えば、為替レートが戻らなかったことは一度もないのです。たとえば、私がＦＸを始めた時期の為替レートが１ドル＝１２０円前後だったのですが、当時からドルの買いポジションを持ち続けた場合、たしかに途中、１ドル＝76円前後までドル安が進んで、含み損を抱えた時期はあったにしても、その状況に耐え続けられたら、いまはほとんど含み損が解消しています。それでは、1ドル＝360円に戻るかと言われれば、短期では絶対に無理だと思いますが、仮に将来、日本の国力が低下して、日本国債の信用力も大幅に後退したら、もしかしたら1ドル＝360円に戻ることもあるかもしれません。

もちろん、そうするためには、超長期のトレンドには絶対に逆らわないことと、損をしても我慢できる金額で取引することがとても大事です。私は、最近5万通貨単位で取引するようになりましたが、長い期間、ずっと1万通貨単位で取引をしていましたから、損切りせずに持ちこたえられたと思っています。含み損を抱えたときに強制ロスカットされないようなリスクコントロールは必須です。

◉ナンピンはいっさいしない

リスクコントロールという面では、私の場合、ナンピンもしたことがありません。ナンピンは自分の持っているポジションがアゲインストになると、どうしてもやりたくなるものです。それによって平均の持ち値を改善できますから、戻したときに損失が早めに埋まるようになりますし、さらに相場に勢いが乗れば、いち早く利益が得られるようになるからです。

だから、きちんと計画的に行なうナンピンは有効だという人もいます。しかし一方で、古来より「下手なナンピン、スカンピン」という言葉もあります。ナンピンを入れるということは、ポジションの総量が増えるということですから、そこからさらに相場が自分の思っている方向とは逆に動くと、ますます負けが込んでしまうケースは多いのです。

含み損が生じてくると、多くの投資家はナンピンを入れようとします。かつて大損をしたときの私もそうでした。しかし、ナンピンで怖いのは、ナンピンを入れたレートが本当に底なのかどうかということです。底でなかったら、ナンピンを入れてポジションの総量が増えている状態で、さらに損失が生じるので、まさにダブルパンチで損失を被る形になります。

したがって、いまの私の場合はいっさいナンピンはせず、含み損が生じたときには、それが挽回するまでひたすらポジションを持ち続けます。これがむしろ、「一休み」になって良い作用をしているようにも思っています。

◉5万通貨のポジションで投資を楽しむ

ポジション量については、先ほど5万通貨にしていると書きましたが、これがたとえば50万通貨で同じことを続けられるかと言われれば、その答えは「ノー」です。どれだけのリスクを取って、冷静でいられるかは人それぞれです。それぞれの人に、それぞれのリスク許容度があるので、まずは自分自身のリスク許容度を見極めることが大切だと考えています。

また、これは損失が膨らんだときの対処法に関係することで、実際に私も経験したことなのですが、家のお金をつぎ込むことは絶対にしてはいけないと考えています。なぜなら心が荒んで冷静な判断ができなくなってしまうからです。ですから、ＦＸの軍資金は、本当の意味での余裕資金でやりくりしています。

衣食住に必要なお金を、夫の給料の範囲内で賄うことができれば、そのほかのことは何とかなります。主婦がＦＸをやる場合、ここは重要です。

たとえばＦＸで大きな利益が得られたから生活水準を上げたりすると、負けが続いたときに生活が破綻するリスクが高まります。生活水準は、一度上げてしまうと、なかなか下げることができません。だから私は、日常の生活に必要な衣食住にかかわる経費は、原則としてすべて夫の収入の範囲内で賄うようにしているのです。

そのうえで、自分が稼いだ分も含めて月々の余剰金があった場合は、それをＦＸの原資に回すということを長年続けてきました。そうやって増やしてきたお金が、いまのＦＸの運用資産になっています。

私にとってＦＸは趣味です。これまで何度も大きな損失を被りましたが、好きだからこそ、いままで続けることができたのだと思います。先にも申し上げましたが、１０００万円単位の損失を被ったときでさえ、「ＦＸはやめよう」とは思ったことがありませんでした。ランナーズ・ハイではありませんが、自分が思っていたとおりにマーケットが動いたときの快感は、たとえ儲けが５００円であろうとも、また５００万円であろうとも、ほとんど変わりありません。

いま、世界はこう動いていて、そこで生活している人々は、おそらくこんなことを考えているのだろう。だから、自分はこういうポジションを取ってみようと判断して行動した結果、自分の考えどおりにマーケットが動くと、「ああ、世の中の、まだ会ったこともない人たちだけれども、私と同じようなことを考えているんだな」と実感します。その瞬間が、とにかく楽しいのです。

トレードで成功するためには、トレードが好きであることが大事です。そのうえで、儲けが５００円でも５００万円でも、同じように快感というくらいの感覚を持っていることも必要です。少しでも多く儲けようという気持ちばかりが先に立つと、それがプレッシャーになって、トレード自体がうまくいかなくなります。

お金なんて、自分の家族が生活できるだけあれば十分。ＦＸのトレードは、元々なかったはずのお金を運用しているというくらいの感覚で臨んできたから、ストレスやプレッシャーにならず、トレード自体を楽しめるのだと思います。

Chapter 8

FXで資産を72倍にしたものの億トレを目指してまだまだチャレンジ中の私の投資術

うっちー（東京都在住の兼業トレーダー）

最後は私自身のＦＸ奮戦記です。
みなさん、この本の最後のオチだと思って、笑いながら読んでくださいね。
タイトルに72倍と書きましたが、元手はたった2万円で、
やっと１４５万円になったところです。
２００万円からスタートしていれば、いまごろは資産1億４０００万円超と、
億トレーダーの仲間入りができていたはずなのですが…。
ただ、２万円でスタートしたからこそ、思い切ったトレードができた気がします。
ここまで増やすのに結構、時間がかかってしまいましたが、
この間、いろいろな経験を積むことができました。
成功体験だけでなく、失敗することも含めて、相場の動きに一喜一憂しつつ、
本気で相場とつき合ってきました。
本書に登場した方々も、そういう時間を過ごした後に、
成功への道筋が見えてきたといいます。私も億トレを目指してチャートを見続けています。

ラジオ番組内のクイズの賞金2万円でスタート　ビギナーズラックですぐに10倍に

◉何も知らないのに儲かった！

ＦＸを始めたきっかけはラジオ番組でした。ラジオＮＩＫＫＥＩというラジオ局で、「夜トレ」という番組のパーソナリティを担当させてもらっているのですが、その提供スポンサーであるＦＸプライムｂｙＧＭＯが開催した、個人投資家を相手にしたドル／円レンジ当てクイズで、なぜか私が上位に入賞したのです。

いまにして思えばたんなるビギナーズラックだったのですが、その賞金の２万円を、Ｆ

XプライムbyGMOに口座を開設して入金するという番組構成になっていました。

せっかくラッキーでいただいたお金ですから、この2万円でFXにチャレンジして増やしてみよう、と思い立ったのが２０１１年のことです。もちろん、それまでトレードの経験はなく、テクニカル分析の方法も知らなかったので、ローソク足の値動きと値ごろ感だけで、トレードを始めたのです。これが、不思議なことに儲かりました。トレードを始めて半年後には、２万円が15万円になりました。

当時のトレードは、利が乗っているときは１週間くらいでも平気でポジションを持ち続け、トレンドの勢いが落ちて利益が減ると、その時点で利益確定をし、さらに損切りは素早く行なうというものでした。損小利大を、知らず知らずのうちに実践できていたのです。

しかし、その頃、素早く損切りができたのは、ポジションそのものが小さかったからでした。２万円の証拠金でフルレバレッジにしても、持てるポジションは、当時のレートでせいぜい６０００ドル程度なので、損失額もたかが知れています。それが15万円に増えると、それだけ大きなポジションを持つことになるため、同じ値幅で動いても、損失が大きくなります。その結果、ポジションが小さかったときのような損切りができなくなり、ポジションが損失になると、祈るように見つめているだけとなってしまい、まったく儲からなくなりました。

◉黒田バズーカで儲かった!

その頃、番組で知り合ったのが、国際テクニカルアナリストの福永博之さんです。

私の恩師の一人であるテクニカル界トップの福永さんは、テクニカルには数えきれないほどの分析方法があり、相場の局面に合わせて使うものを選ぶ必要があること、そのテクニカルがどのような経緯で生まれ、どのような計算式で成り立っているのかを理解して使う必要があることを、丁寧に教えてくださいました。いま振り返れば、その教えを守ってさえいればよかったのですが、負けが続き、含み損を抱えていた私は、自分に都合のいいようにバイアスをかけてテクニカル指標を見続けていました(福永さん、ごめんなさい!)。

この頃は一人前にテクニカル分析を使い、とくに移動平均線とRSIを用いて売買判断をしていました。RSIを用いたのは、生意気にもトレンドの初動を取りたかったからです。RSIがダイバージェンスになった瞬間をとらえて、逆張りのポジションで入るようにしたのですが、入るタイミングが早過ぎて持っていかれてしまうことの繰り返しで、せっかく15万円まで増えた証拠金は、その半分の7万円まで目減りしてしまいました。

もう、テンションはダダ落ちです。

多くのテクニカル指標を使うことができる「プライムチャート」

「ＦＸはやめた」と本気で思いました。ということで、しばらくマーケットから離れていたのですが、政治と世の中の流れが変わってきたような気がして、アベノミクスがスタートする少し前に、ＦＸの口座があるのだからと、ドル円のロングポジションを持ったのです。そして、２０１２年12月の衆議院議員総選挙で自民党が大勝し、ドル高が始まり、２０１３年４月の「黒田バズーカ」と呼ばれる量的金融緩和の発表で、ドル高が加速した結果、私の証拠金は20万円まで増えたのです。

テクニカル分析に目覚めて慢心
ブレグジットで最大の損失が発生

◉テクニカル分析で儲かった！

儲かれば面白くなるし、真剣に取り組んでみようと思うものです。

再びＦＸに興味が湧いてきた私は、自分に合ったテクニカル分析の方法を模索するようになりました。なかなかうまくいかなかったＲＳＩはあっさりと捨てて、今度は、やはり番組でいろいろと話を聞いていたなかから、トレンドラインと直近の高値、安値に平行ラインを引く方法を取り入れたのです。日足でトレンドラインを引き、それを時間足に落とした後、さらに直近の高値と安値に平行ラインを引いていくのです。時間の経過とともに、高値と安値の平行ラインが、何本も引かれていきます。

この平行ラインが、実際にトレードをする際の利益確定ラインと、反発ラインになっていきます。そして、値動きにつれて、有効なラインのみを残して、他の機能しないラインはどんどん消していきます。トレードの際には、消されずに残ったラインを判断基準にして売買するという方法です。

これが意外とうまく機能しました。アベノミクスによるドル高基調もあって、証拠金額は25万円くらいになりました。

◉EU離脱の国民投票で大損！

しかし、好事魔多し。またもや私に試練を与える大きな出来事があったのです。ブレグジットがそれです。いまもそのときのことは鮮明に覚えています。なぜなら、北海道で優雅にゴルフをするはずの、まさにその日に起きた出来事だったからです。

イギリスがEUから離脱することなんてことは絶対にない。そう信じていた私は、ドルのロングポジションを持ったまま、羽田から千歳行きの飛行機に乗り込みました。無事に千歳空港に到着し、スマホで口座画面を確認したら、なぜか自分のポジションがなくなっていたのです。さすがにマーケットは大きく動いていましたから、何かのはずみでたまたまだろうと思って、せっかくのポジションがなくなってしまったらもったいないとばかりに、もう一度、ドルのロングポジションを持ち直しました。

そして、ゴルフ場で数ホールを回り、そこでスマホで口座画面を確認したら、やはりなかったのです！　大きく利益が乗っているはずの私のポジションがない！

ここで初めて、何かとんでもないことがマーケットで起こっているのではないかということにだけは気付き、ポジションを持つのをやめました。情報が入ってこないから、いろいろと考えてしまい、ゴルフのスコアはメロメロです。スコアも痛かったけれど、損失も痛いものでした。25万円あった証拠金が、再び7万円になってしまったのです。

敗因は、深く考えずに世の中の雰囲気に流されてトレードしたことです。イギリスのEU離脱をかけた国民投票で、まさか離脱派が勝利するなんてことは、まったく思いもよりませんでした、というより、どうなるかということを真剣に考えてもいませんでした。ニュースなどを見て、「そんなことはありえない」という勝手に考え、どうせ儲かるでしょうという気持ちでトレードをしていたのです。それ以来、浅はかな知識でファンダメンタルズを考えて相場を判断するのはやめることにしています。

米大統領選のトレードで損を取り戻して自信回復 自分なりのトレード手法を確立中

◉気持ちを奮い立たせて再挑戦

ブレグジットの大敗から1週間、まったくポジションを持てませんでした。億トレの方からすれば小さな金額かもしれませんが、私にとっては証拠金の大半を溶かすほどの大損失です。ショックが大き過ぎてポジションを持つ気になれませんでした。

そうはいっても、相場の損は相場で取り返すのが道理。気持ちを奮い立たせて、再びチャレンジしようと思ったところで、２０１６年11月の米大統領選挙が訪れました。

大統領選挙前、マーケットでは「トランプが大統領に選ばれたらドル安になり、1ドル＝100円を割り込む」と言われていました。あの日は、刻一刻と開票速報がテレビやインターネットで流れていましたから、もしファンダメンタルズを信じていたら、トランプ優位がわかったところで、ドルのショートポジションを持っていたでしょう。

しかし、ニュースに乗って浅はかにファンダメンタルズを判断すると間違うのは、ブレグジットで経験済みです。私はずっとチャートの値動きだけを見ていました。開票速報が流れるなか、ドル円は徐々にドル安円高に傾いていきましたが、100円どころか101円すら割りません。何度か101円割れを試すのですが、結局、夕方になっても101円を割らなかったのです。

そこで、満を持してドルを買いました。

◉初めてきちんとトレードできた

その後、仕事があったので、ドル安が進むリスクを考慮して、下値にストップロスを入れておき、そのまま外出しました。途中でレートをチェックすると、さらにドル高が進んでいたので、ここは追撃買いです。ドルのロングを積み増して、さらに利益を増やしました。結果的に、ブレグジットで被った損失を、このトレードで取り戻したのです。

ブレグジットで被った損失を、自分なりの判断によるきちんとしたトレードで取り戻すことができたことは、私にとって大きな自信につながりました。

なぜなら、ニュースなども見聞きしつつも、最後は自分なりの判断基準でポジションを持つということをやり切ったような手応えを感じたからです。

現在の私のトレードスタイルは、高値と安値の並行ラインを引くことで、利益確定ラインと反発ラインを判断するようになったのに加えて、ボリンジャーバンドとＡＤＸ、標準偏差ボラティリティという３つの指標を用いて、売り買いを判断するというものです。

ボリンジャーバンドは１σのラインだけを出し、そのうえでＡＤＸと標準偏差ボラティリティの動きをウォッチし、両方のラインが一緒に上向いたときが、トレンド発生のサインになります。これは、番組内でファンドマネジャーの石原順さん（ご自身のブログ「石原順の日々の泡」で取引手法を公開しています。ぜひご参考に！）から教えていただいた手法なのですが、私のフィーリングにピッタリ合いました。この方法を用いるようになってからは、さらに安定して利益が得られるようになり、証拠金は直近のピーク時で１４５万円にまで増加したのです。

§８－４　注意しているポイントについて　Points to note

本気で取り組めば道は拓ける成功するまであきらめずに研究と努力！

◉勝ち組トレーダーの「真剣さ」に刺激を受ける

本書のアイデアにもつながった、ＦＸプライムｂｙＧＭＯのサイトで展開している、「勝ち組ＦＸトレーダー・スペシャルインタビュー」の取材・執筆がスタートしたことも、私のトレードが変わったきっかけでした。

この連載を通じて、さまざまな億トレーダーの方に取材したのですが、みなさん、運任せではなく、ものすごい努力で相場を研究していました。しかも、私が勇気づけられたのは、彼らがＦＸを始めた時期や当初の証拠金額は、私とそう大きく違わなかったことです。それなのに、私は25万円で、彼らは１億円を達成していました。それは、真剣度合いの違いだと思ったのです。そして、逆に言えば、真剣にやれば、誰にでもそうなれる可能性はあるのではないかとも思いました。

それからは、私もより真剣に値動きを見るようになり、自分が引いた直近の高値、安値の並行ラインが、どれだけ有効に機能しているのかを、何度も検証するようになりました。そこに、石原さんから教わったＡＤＸと標準偏差ボラティリティのラインの動きを重ねることで、少しずつではありますが、自分に合った判断材料の引き出しが増えて、トレードがうまくいくようになってきたのです。

もちろん、私も１４５万円では満足はしていませんから、いまも、時間が空いたときはできるだけチャートを見て、チャンスだと思えばどんどんポジションを持つようにしています。当然、無駄打ちになるトレードもありますが、トレードがうまくなるためには、たくさんの経験を積む必要があることもまた、インタビューをさせてもらったトレーダーのみなさんから教わりました。

◉最初はみんな失敗していた！

ＦＸには、当然のことながらリスクもありますが、真剣に取り組めば、大きなチャンスもあるということは、間違いないと思います。

本書を執筆して改めて思うことは、最初から成功しているトレーダーは皆無だということです。何年にもわたって損をし続けながらも、あきらめずに研究と努力を重ねたからこそ成功を手にしているトレーダーが大半なのです。億トレーダーは、一朝一夕には生まれないということです。

これからの日本は超高齢社会を迎え、人口は１億人を割り込むところまで減少しているでしょう。公的年金財政はいま以上に苦しくなり、年金の支給開始年齢が70歳、あるいは80歳に引き上げられることも想定されます。誰もが収入面からの生活の不安を感じてしまっても不思議はありません。

しかし、ＦＸでいつでもどこでもしっかりと儲けることができるようなトレードのスキルを身につけていれば、そんな心配をする必要もなくなります。本書を読んで、少しでもトレードに興味が湧いたら、ほんの少しの勇気を出して、チャレンジしてみてください。

もちろん、最初は少額で始めてみるべきです。やがてトレードが上達し、本書に登場するような億トレーダーとまではいかなくても、たとえば毎月20万円、30万円を稼げるようになったら、おそらく世界が変わると思います。一緒に頑張りましょう。

内田まさみ（うちだ　まさみ）
1998年ラジオNIKKEI入社後、『経済情報ネットワーク』『東京株式実況中継』などの株式情報番組を担当した後、フリーに転身。現在はラジオNIKKEIの『夕焼けマーケッツ』『夜トレ!』『東証+YOU』『ザ・マネー（月・火）』、日経CNBC『マーケッツのツボ』などを担当するほか、東洋経済オンラインやオールアバウトで投資家の投資ノウハウを紹介するインタビュー記事を執筆するなどで、個人投資家に多くのファンをもっている。

FX《エフエックス》 億《おく》トレ!
7人《にん》の勝《か》ち組《ぐみ》トレーダーが考《かんが》え方《かた》と手法《しゅほう》を大公開《だいこうかい》

2017年11月20日　初版発行
2017年12月1日　第2刷発行

著　者　内田まさみ ©M. Uchida 2017
発行者　吉田啓二

発行所　株式会社日本実業出版社　東京都新宿区市谷本村町3-29　〒162-0845
大阪市北区西天満6-8-1　〒530-0047
編集部　☎03-3268-5651
営業部　☎03-3268-5161　振　替　00170-1-25349
http://www.njg.co.jp/

印刷／理想社　製本／若林製本

この本の内容についてのお問合せは、書面かFAX（03-3268-0832）にてお願い致します。
落丁・乱丁本は、送料小社負担にて、お取り替え致します。

ISBN 978-4-534-05542-2 Printed in JAPAN